트럼본 어드벤쳐

Lesson Book 1

by Amos Miller 초급용

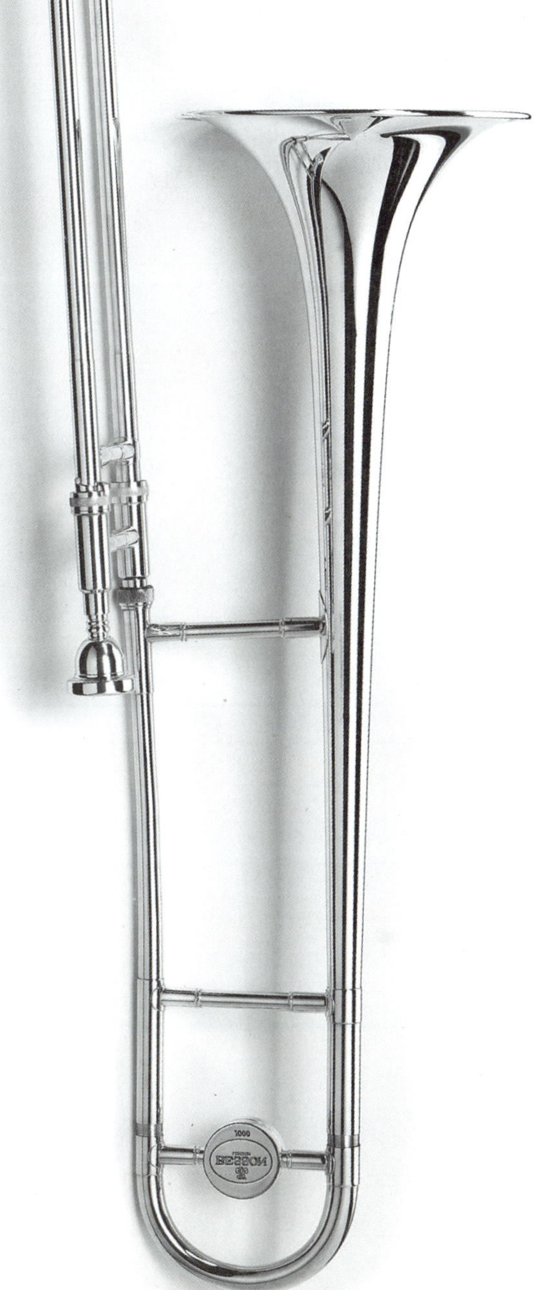

music tree

Foreword

세계적인 스테디셀러 《A New Tune a Day》의 한국어판 《어드벤쳐 시리즈》 전권을 출간하게 된 것을 기쁘게 생각합니다.

최고의 전문가들이 참여하여 '가장 쉽게 시작하면서도, 정확하게 배울 수 있는 교수법'을 다년간 연구하였습니다. 이 교수법을 바탕으로 바이올린, 플루트, 기타 등 15개의 악기, 총 28권의 교재가 개발되었으며, 음대 교수님들과 오케스트라 음악감독 등 권위자의 감수를 통해 우수성을 검증받았습니다.

본 시리즈는 악기를 중간에 포기하는 일이 없도록 누구나 좋아하는 노래, 클래식, 재즈, 크리스마스 캐롤 등 친근한 레퍼토리를 통해 테크닉과 음악성을 동시에 길러주며, 세심하게 구성된 진도와 CD가 실력을 빠르게 쌓을 수 있도록 이끌어줄 것입니다. 각 악기별로 공통된 연주곡도 담겨있어 학교 앙상블 수업이나 동호회 연주회에도 효과적입니다. 바이올린 교재는 첼로, 비올라 교재와, 클라리넷은 색소폰과, 일렉 기타는 베이스 기타, 드럼 교재와 함께 사용할 수 있습니다.

《어드벤쳐 시리즈》로 평생 즐길 수 있는 나만의 악기를 찾고, 음악을 통해 새롭게 펼쳐질 풍요로운 삶을 누리시기 바랍니다.

한국어판 감수를 도와주신 서울대학교 최경환, 김재윤 교수님, 한국예술종합학교 오광호, 이강호, 이성우, 이성주, 이철웅 교수님을 비롯하여 원무연, 이하재, 조장휘, 진우경 교수님께 감사 드립니다.

🎼 《어드벤쳐 시리즈》만의 장점

- 교수법을 바탕으로 한 체계적인 진도
- 기초 음악이론과 클리닉을 위한 중간 테스트
- 관련 장비, 자세, 테크닉에 대한 친절한 설명
- 누구나 쉽게 배우는 운지법 차트
- 클래식, 재즈, 팝송 등 연주효과 탁월한 레퍼토리
- 각 레슨마다 학습목표 제시
- 자세와 운지법을 익힐 수 있는 사진과 그림
- 시범연주와 반주가 수록된 CD로 탁월한 연습효과

🎼 어드벤쳐 시리즈 구성

악기 종류별 레슨 교재		병행 교재		악기 종류별 레슨 교재		병행 교재	
관악기	플루트 어드벤쳐 레슨 1, 2	연주곡집	스케일 & 아르페지오 교재	현악기	바이올린 어드벤쳐 레슨 1	연주곡집	스케일 & 아르페지오 교재
	클라리넷 어드벤쳐 레슨 1, 2	연주곡집			첼로 어드벤쳐 레슨 1	연주곡집	
	트럼펫 어드벤쳐 레슨 1	연주곡집			비올라 어드벤쳐 레슨 1	연주곡집	
	트롬본 어드벤쳐 레슨 1	연주곡집		기타	클래식 기타 어드벤쳐 레슨 1	연주곡집	
	알토 색소폰 어드벤쳐 레슨 1, 2	연주곡집			어쿠스틱 기타 어드벤쳐 레슨 1	연주곡집	
	테너 색소폰 어드벤쳐 레슨 1	연주곡집			일렉 기타 어드벤쳐 레슨 1	연주곡집	
디악기	드럼 이드벤쳐 레슨 1	연주곡집			베이스 기타 어드벤쳐 레슨 1	연주곡집	
건반악기	피아노 어드벤쳐 레슨 1	연주곡집					

《병행교재》

- **연주곡집**: 레슨 교재 1권 중반부터 병행교재로 함께 배우거나 독주, 앙상블 레퍼토리로 활용하면 좋습니다.
- **스케일 & 아르페지오 교재**: 모든 악기에 사용할 수 있는 스케일 & 아르페지오 교재에는 전통 클래식 음악에 사용되는 장음계와 단음계 외에도 록과 재즈 연주에 도움이 되는 블루스, 펜타토닉, 디미니쉬 스케일 등이 수록되어 있어 탄탄한 테크닉을 길러줍니다.

Contents

A New Tune *A* Day

This book © Copyright 2005 & 2006 Boston Music Company,
a division of Music Sales Limited
Revised 2006

Edited by David Harrison
Music processed by Paul Ewers Music Design
Original compositions and arrangements by Amos Miller
and Ned Bennett
Cover and book designed by Chloë Alexander
Photography by Matthew Ward
Model: Michael May
Backing tracks by Guy Dagul
CD performance by Amos Miller
CD recorded, mixed and mastered by Jonas Persson and John Rose
www.musicsales.com

이책의 한국어판 저작권은 Music Sales Limited와의
독점 계약으로 **music** tree 에 있습니다.

저작권법에 의해 한국 내에서 보호받는 저작물이므로 무단 전재와 복제 또는
연주 녹음을 금합니다.

음악의 첫걸음

보표

줄이 다섯 개라서 오선보라고도 합니다.
음표는 5개의 선 위에 그립니다. 모든 보표에는 악기의 음역을 나타내는 음자리표가 있습니다.

높은음자리표: 주로 선율 악기에 사용

보표에는 마디를 나누는 세로줄이 있습니다.
각 마디의 길이는 동일합니다.

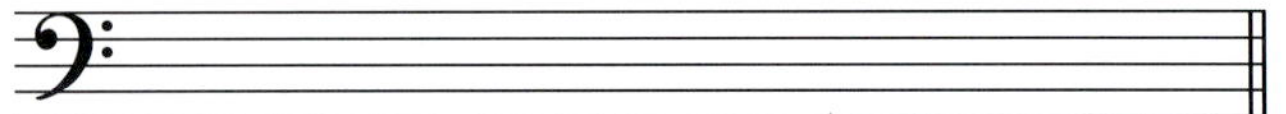

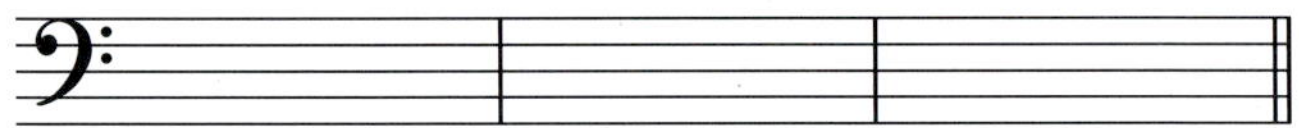

음표와 쉼표의 길이

음표의 길이는 다양한 모양으로 나타냅니다. 음표와 길이가 같은 쉼표도 있습니다.
음표와 쉼표의 이름은 온음표를 몇 개로 나눌 수 있는지를 의미합니다.
온음표를 4로 나누면 4분음표, 8로 나누면 8분음표라고 합니다.

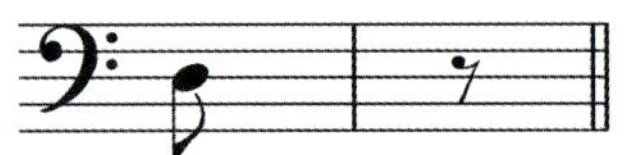

8분음표(반 박) = 8분쉼표(반 박)

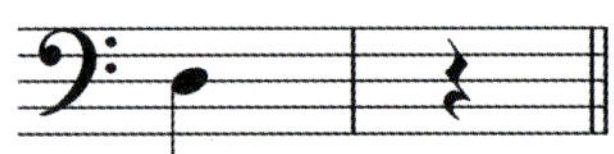

4분음표(1박) = 4분쉼표(1박)

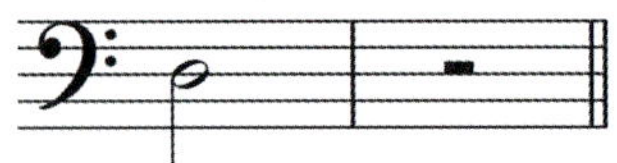

2분음표(2박) = 2분쉼표(2박)

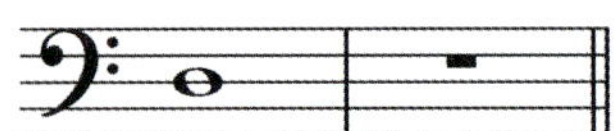

온음표(4박) = 온쉼표(4박)

그 외의 음길이

음표 오른쪽에 점을 찍으면 원래 길이의 **절반**만큼 음표의 길이가 길어집니다.
예를 들어 점2분음표 하나의 길이는 2분음표와 4분음표를 더한 길이와 같습니다.

8분음표 묶기

둘 이상의 8분음표가 연달아 나올 경우 꼬리를
이렇게 연결할 수 있습니다.

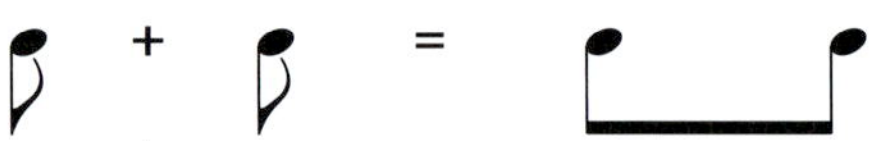

박자표

박자표는 음자리표 옆에 그립니다. 위의 숫자는 한 마디 안에 몇 개의 박이 들어가는지 알려주고, 아래의 숫자는 기준이 되는 음표를 나타냅니다.

C(커먼타임): $\frac{4}{4}$를 나타내는 또 다른 기호입니다.　　　$\frac{6}{8}$은 한 마디 안에 8분음표 6개

$\frac{4}{4}$는 한 마디 안에 4분음표 4개　　　　　$\frac{3}{4}$은 한 마디 안에 4분음표 3개

음이름

음이름은 알파벳의 첫 일곱 글자에서 가져온 것입니다. 음은 음높이에 따라 보표의 줄이나 칸 위에 그립니다.

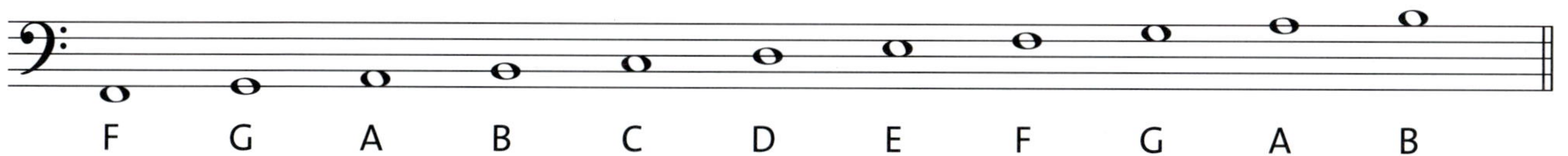

임시표

샵(올림표)이나 플랫(내림표) 같은 임시표 기호를 사용하면 음높이를 반음 내리거나 올릴 수 있습니다.

샵(♯)은 음높이를 반음 올립니다.　　　　제자리표(♮, natural)는 원래의 음높이로 돌아가라는 기호입니다.

플랫(♭)은 반음 낮춥니다.

덧줄

보표 밖의 음은 덧줄을 그려 표시합니다.

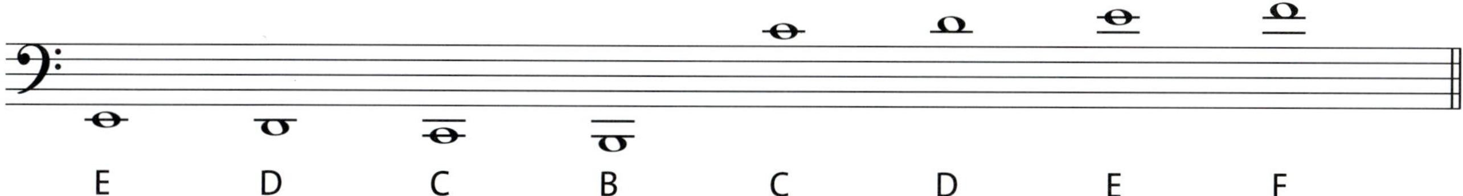

세로줄

여러 가지 종류의 세로줄 :
겹세로줄은 음악의 한 부분이 끝났다는 표시입니다.　　　　끝세로줄은 한 곡이 끝났다는 의미입니다.

도돌이표는 이 부분이 반복된다는 표시입니다.

연주에 앞서

트럼본과 악세서리

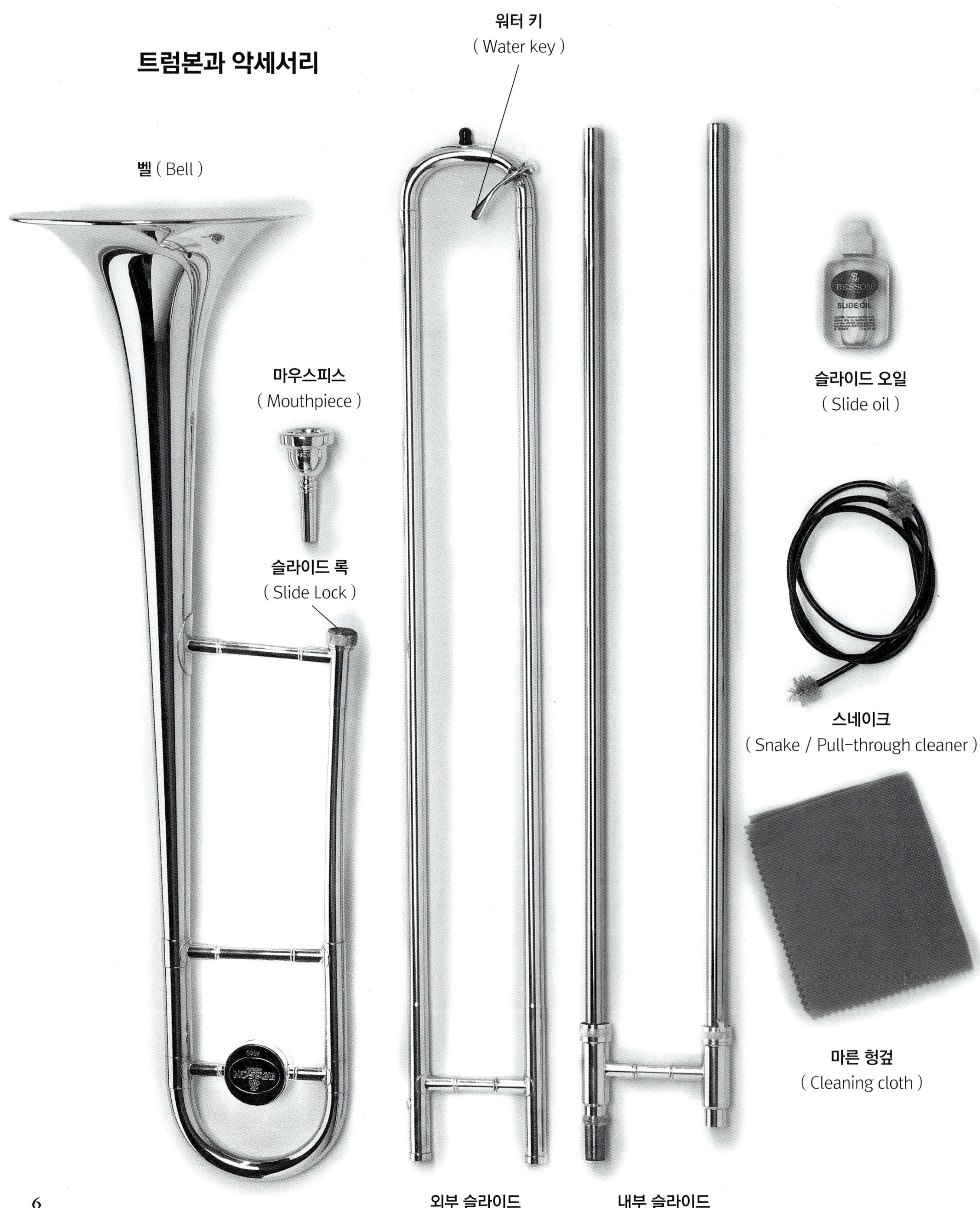

조립하기

내부 슬라이드에 외부 슬라이드를 끼우세요. 그런 다음
슬라이드 부분과 벨 부분이 직각이 되도록 끼우고 슬라이드
록을 잠급니다. 마지막으로 슬라이드 부분에 마우스피스를
끼우세요. 연주를 마친 뒤에는 워터 키를 눌러 물기를 빼낸
뒤에 마우스피스부터 차례로 악기를 분리합니다.

트럼본 관리하기

트럼본은 구조가 단순한 악기지만 항상 조심해서 다루어야
합니다. 슬라이드는 항상 잘 움직이도록 유지해야합니다.
잘못해서 조금이라도 찌그러진 곳이 생기면 아예 악기를
쓸 수 없게 될 수도 있으니 조심하세요.

2~3일마다 한 번씩 외부 슬라이드를 분리해서 내부
슬라이드를 마른 헝겊으로 닦고 슬라이드 오일을 조금
발라주세요. 외부 슬라이드를 다시 끼울 때는 워터
키가 아래쪽에 오도록 끼웠는지 확인하세요.

도금된 트럼본을 사용할 경우에는 (잘 모르겠으면
선생님께 물어보세요) 금속 광택제로 악기를 닦지 마세요.
따뜻한 비눗물과 부드러운 천으로 닦으면 됩니다.
트럼본 스네이크로 마우스피스와 슬라이드 안을 2주에 한
번씩 닦아 주세요.

연습하기

악기를 배우는 것은 몸과 머리를 함께 쓰는 일입니다.
자연스럽게 악보를 읽고 연주에 필요한 근육을 기르기
위해서는 반복적인 연습이 중요합니다.
다음의 세 가지를 항상 기억하며 연습하세요.

1. 잘 안 되는 부분이 있으면 반복적으로 연습하세요.
한 번 잘 됐다고 그만두지 말고 매번 잘 할 수 있을 때까지
연습하세요.

2. 어쩌다가 한 번씩 많이 연습하는 것보다는
조금씩 자주 연습하는 것이 훨씬 좋습니다. 하루에
15~20분씩만 연습해도 실력이 많이 향상될 것입니다.

3. 연습을 할 때는 목표를 정하는 것이 좋습니다. 아주 작은
것이라도 좋으니 목표를 설정하고 연습시간 동안 목표를
이루려고 노력하세요.

goals:

1. 복식호흡: 횡격막으로 호흡하기
2. 연주자세
3. 입모양
4. 텅잉
5. 포지션
6. F음, 낮은 B♭음, D음
7. 온음표, 2분음표, 4분음표와 쉼표

 Tip

자세가 편안하고 안정되어 있으면 호흡도 편안하고 정확하게 할 수 있습니다.

호흡

트럼본을 연주할 때는 횡격막을 사용하여 호흡합니다. 횡격막은 흉곽 아래에 있는 큰 근육입니다. 횡격막으로 호흡을 하면 숨을 들이마실 때는 배가 나오고 내쉴 때는 배가 들어갑니다.

가슴으로 숨 쉬는 것보다 배로 숨 쉬는 것이 호흡을 조절하기에 훨씬 좋습니다.

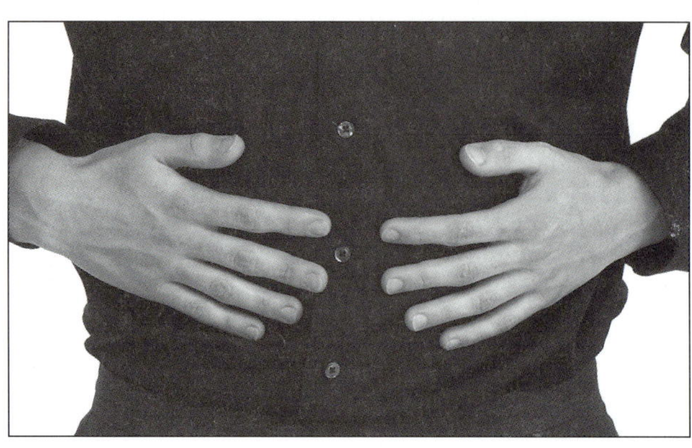

연습 1.

숨을 들이마시며 4박을 세어보세요. 그런 다음 숨을 내쉬며 다시 4박을 셉니다. 횡격막으로 호흡하면서 들이마시고 내쉬는 공기의 양을 일정하게 유지하세요.

마시고, 2, 3, 4   내쉬고, 2, 3, 4   마시고, 2, 3, 4   내쉬고, 2, 3, 4   계속

한 손을 배에 대고 숨을 쉴 때 배가 나오고 들어가는지 확인해보세요.

연주 자세

악기를 연주하는 것은 몸을 쓰는 일이기 때문에 좋은 자세로 연주하는 것이 매우 중요합니다. 다리를 어깨 넓이로 벌리고 허리를 곧게 세우세요. 천장에서 줄이 하나 내려와서 몸을 살짝 들어 올린다고 상상하며 자세가 구부정하거나 축 쳐지지 않도록 하세요. 악기를 입에 댈 때 고개는 정면을 향해야 합니다.

왼손 그립

왼손 엄지와 검지로 가위 모양을 만들어보세요. 검지를 위로 들어 마우스피스를 잡아보세요. 엄지는 바깥쪽을 향하게 합니다. 나머지 세 손가락은 둥글게 말아 그림처럼 슬라이드 부분을 잡으세요.

오른손 자세

슬라이드는 오른손으로 움직입니다. 그림과 같이 엄지와 검지, 중지로 안쪽을 잡고 남은 두 손가락으로 슬라이드 아래를 받치세요.

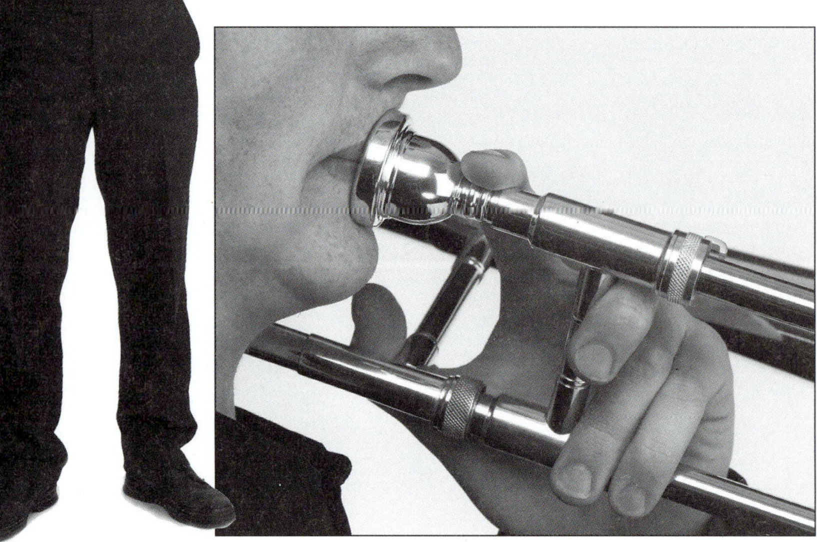

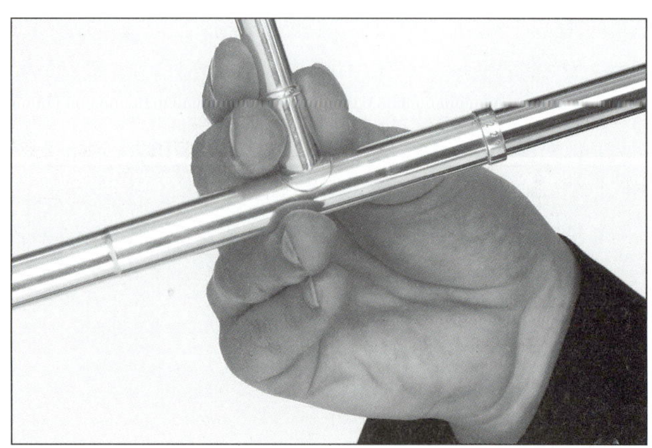

입모양 (Embouchure)

이제 악기를 들어 마우스피스를 입에 대보세요.
마우스피스는 입의 중앙에 와야 하고, 마우스피스의 2/3는
윗입술에, 1/3은 아랫입술에 닿아야 합니다.

입의 양 끝이 마우스피스를 '쥐고' 있다고 느껴져야 합니다.
웃을 때처럼 입술이 위로 올라가거나 반대로 아래로 축
쳐지면 연주할 때 입술을 떨기가 불편합니다. 성냥 2개에
걸려있는 고무줄을 상상하며 입모양이 직선이 되도록
하세요.

Tip

거울을 보며 마우스피스의
위치를 확인하세요.
악기를 불 때 볼이
볼록해지지 않아야합니다!

손이 큰 사람은 그림처럼
슬라이드 브레이스를 왼손
중지와 약지 사이에 두는
것이 편할 것입니다.

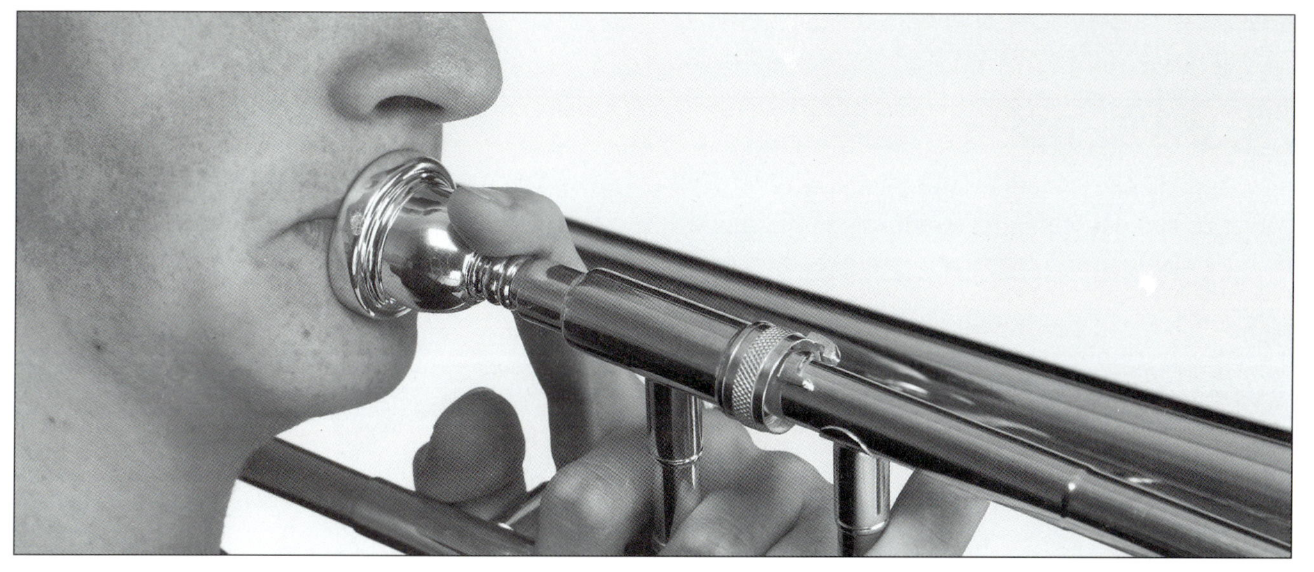

연습 2.

입술이 떨리게 '프-' 하며 숨을 내쉬어 보세요.
처음에는 마우스피스만 가지고 연습한 다음 익숙해지면 트럼본으로도 연습해보세요.

텅잉

연습 2처럼 마우스피스에 대고 입술을 떨며 바람을 내쉬면 소리가 납니다.
여기에 텅잉을 더하면 훨씬 또렷한 소리를 낼 수 있습니다.

'**투-**' 하고 말해보세요. '투-' 하고 말할 때 혀의 위치를 느껴보세요.
혀끝이 윗니 뒤에 닿는 것이 느껴지나요? 트럼본으로 음을 연주할 때 항상 혀가 이 위치에 있어야 합니다.

연습 3.

포지션은 슬라이드의 위치를 말합니다.
1포지션과 4포지션의 위치를 위 사진에서 비교해보세요.

F음, 낮은 B♭, D음

Tip

트럼본으로는 7가지 포지션에서 각각 최저음과 그 *배음들을 낼 수 있습니다. 자세한 내용은 《포지션챠트》를 참고하세요.

*배음: 어떤 음의 2배, 3배 등 정수 배의 진동수를 가진음들

F음과 낮은 B♭음은 1포지션에서 연주합니다 (슬라이드를 가장 안쪽으로 당긴 상태).
D음은 4포지션에서 연주합니다. 슬라이드를 밖으로 밀어서 외부 슬라이드 끝이 벨과 비슷한 위치에 오도록 하세요.
F음을 낸 뒤에 낮은 B♭음으로 내려가기 위해서는 턱을 아래로 조금 내리면서 조금 앞으로 밀어보세요.

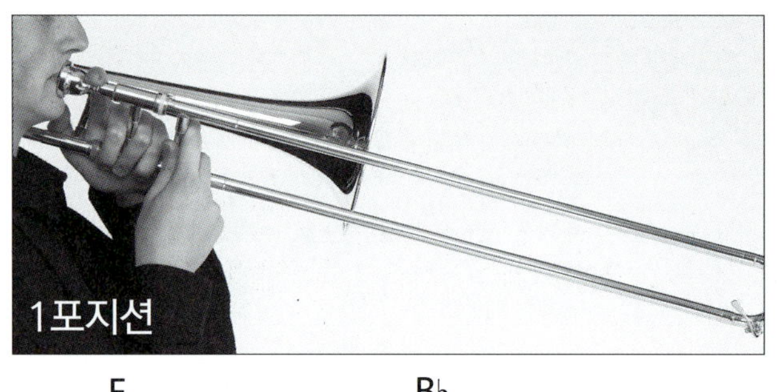

연습 4.

연주 전에 호흡을 시작하고 쉼표에서도 호흡을 멈추지 마세요. 각 음에 텅잉하는 것을 잊지 마세요.
아래의 음표와 쉼표는 4박 길이의 **온음표**와 **온쉼표**입니다.

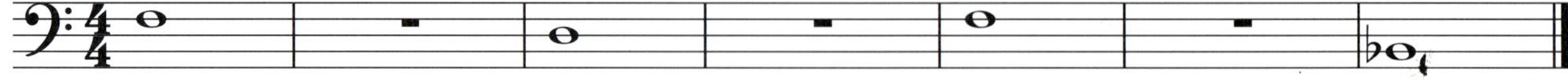

연습 5.

아래의 음표와 쉼표는 2박 길이의 **2분음표**와 **2분쉼표**입니다.

연습 6.

아래의 음표와 쉼표는 1박 길이의 **4분음표**와 **4분쉼표**입니다. 쉼표가 나오면 재빨리 호흡을 하세요.

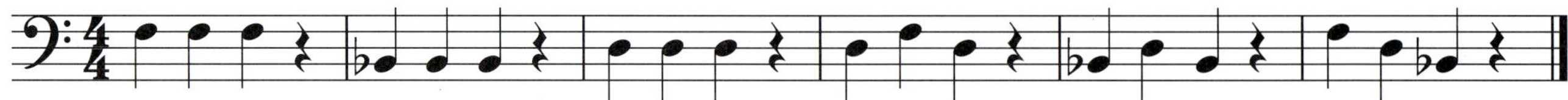

레슨 1을 위한 연주곡

The Lewisham Stomp (루이셤의 스톰프)

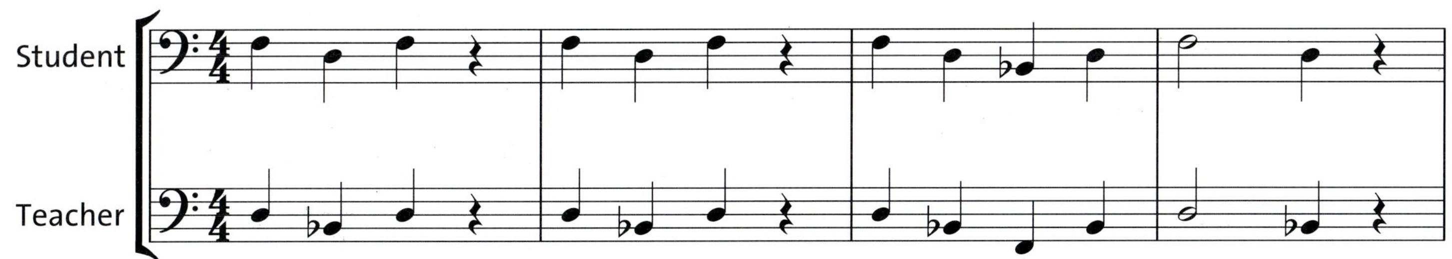

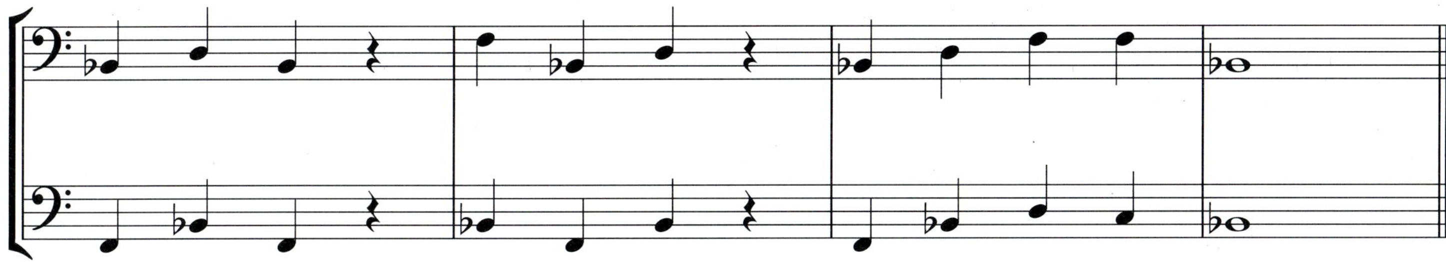

Spring Has Sprung (봄이 왔네)

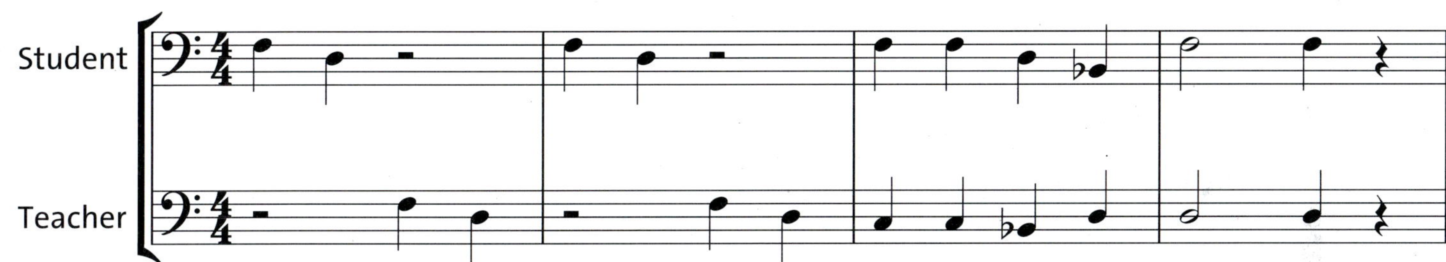

Fanfare (팡파르)

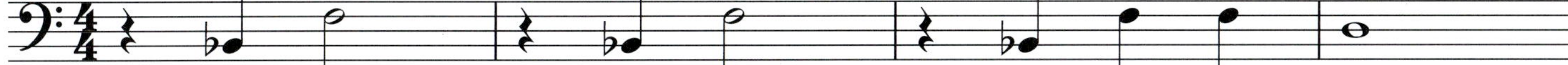

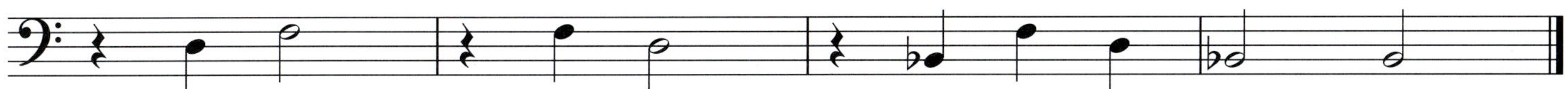

goals:

1. C음과 E♭음
2. 늘임표 (페르마타)
3. 목구멍 열고 호흡하기
4. 점2분음표
5. $\frac{3}{4}$박자
6. 도돌이표

C음

C

E♭음

E♭

연습 1.

음표 위의 기호는 늘임표 (페르마타)입니다. 늘임표는 음표의 원래 길이보다 더 길게 연주하라는 의미입니다.
목구멍을 열고 최대한 오래 연주해보세요.

목구멍 열고 호흡하기

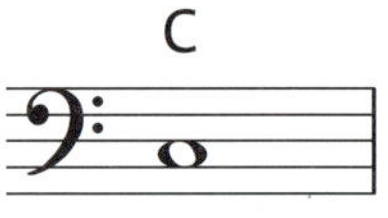
Tip

하품을 해보세요!
목구멍을 여는 느낌을
알 수 있을 것입니다.

손등에 대고 입으로 바람을 불어보세요.
차가운 공기가 느껴질 겁니다.

그렇다면 이번에는 창문에 입김을 분다고 상상하고 다시 불어보세요.
손등에 따뜻한 공기가 느껴질 겁니다.
따뜻한 공기가 나온 이유는 목구멍을 열고 호흡했기 때문입니다.

목구멍을 열고 연주하면 좋은 소리를 낼 수 있습니다.

연습 2.

목구멍을 열고 호흡하며 연주해보세요. 악보 위에 작은 숨표 ❜ 는 그곳에서 숨을 쉬라는 뜻입니다.
숨표가 나오면 음악에 방해가 되지 않게 재빨리 호흡하세요. (뜨거운 다리미를 만졌다고 상상해보세요!)

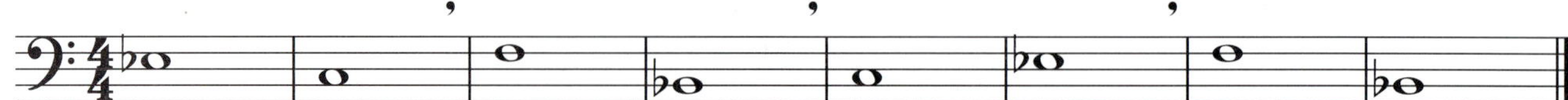

점2분음표

음표 옆에 점이 있으면 원래 음표의 절반만큼 길어집니다.
그래서 2박인 2분음표에 점이 붙으면 3박이 됩니다.

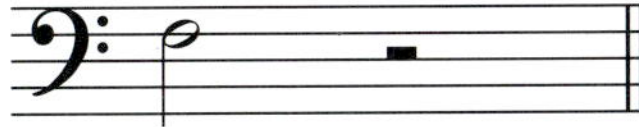

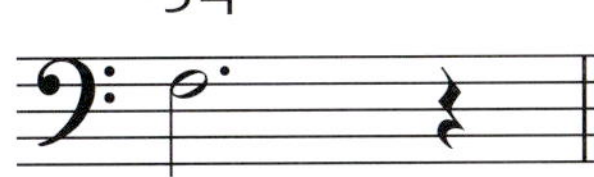

연습 3.

박을 잘 세며 음표와 쉼표의 길이를 잘 지켜 연주하세요. 목구멍을 열고 호흡하세요.

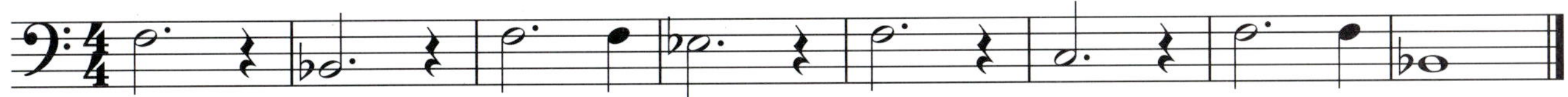

박자표

지금까지 본 악보에는 한 마디에 4박이 들어가는 박자표가 있었습니다.
1, 2, 3, 4, **1**, 2, 3, 4, **1**, 2, 3, 4

그러나 한 마디에 3박이 들어가는 곡도 많습니다.
3박자 곡은 머릿속으로 이렇게 박을 셉니다. **1**, 2, 3, **1**, 2, 3, **1**, 2, 3
대표적인 3박자 음악은 왈츠입니다.

연습 4.

한 마디에 3박씩 세며 연주하세요.

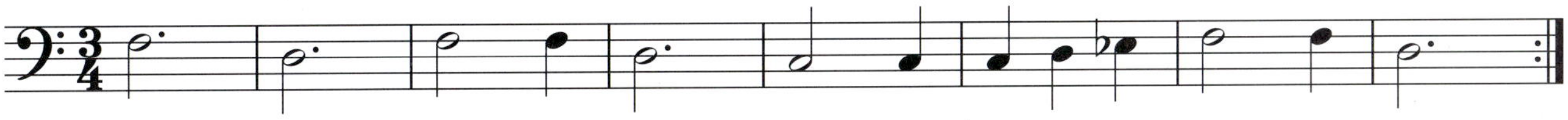

점이 두 개 찍힌 두꺼운 세로줄은 **도돌이표**입니다.
처음으로 돌아가서 한 번 더 연주하라는 뜻입니다.

* *Barcarolle* (뱃노래)

Offenbach

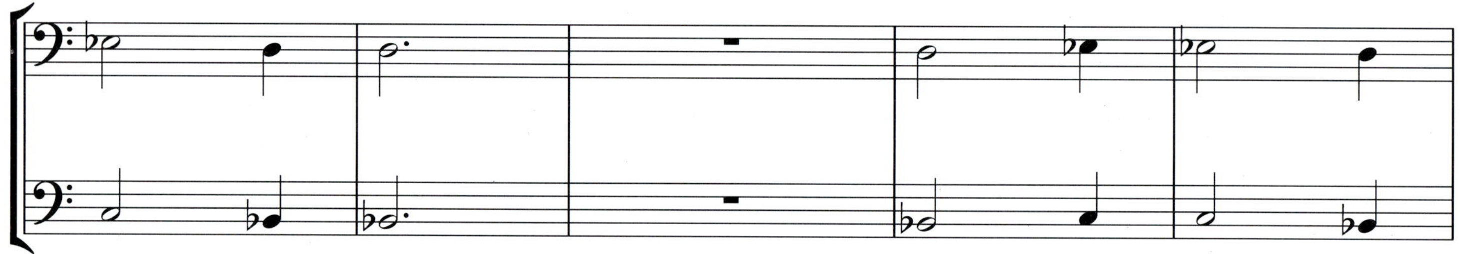

* Barcarolle : 베네치아의 곤돌라 사공이 부르는 노래

Medieval Dance (중세 춤곡)

Jingle Bells (징글벨)

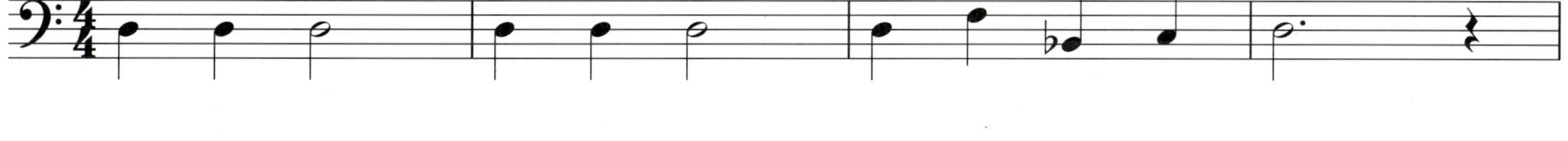

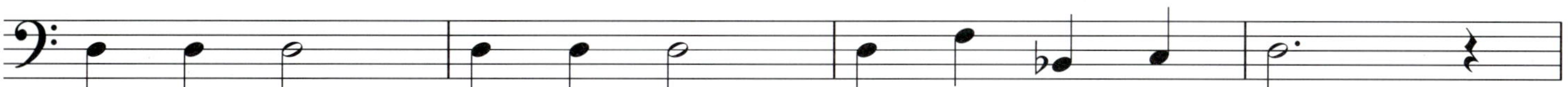

Now The Day Is Over (날은 저물고)

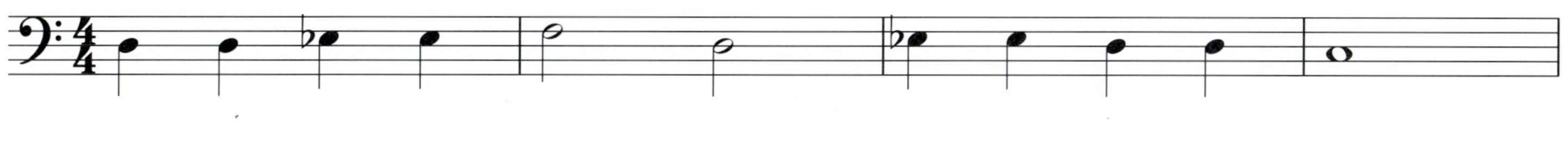

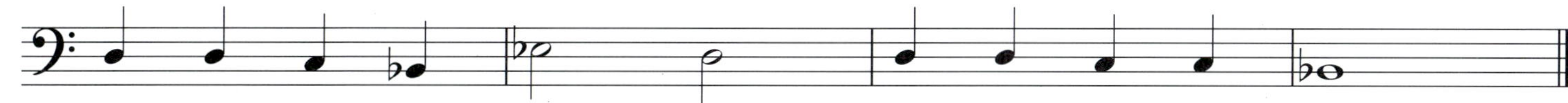

Merrily We Roll Along (비행기)

Back To Bed (다시 잠자리로)

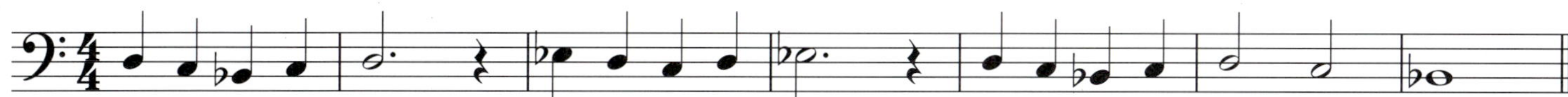

goals:

1. G음
2. 슬라이드 테크닉 연습
3. 박에 맞춰 호흡하기

G음

자세 확인

슬라이드를 잘 들고 있나요?

주먹을 쥐면 안 됩니다.

연습 1.

박을 일정하게 유지하기 위해서는 슬라이드를 재빨리 움직여야 합니다.
처음에는 천천히 연습하고 익숙해지면 조금씩 빠르게 연습하세요.

Tip
한음 한음 또렷하고
깔끔하게 연주하세요.

연습 2.

호흡, 텅잉, 슬라이드가
모두 조화를 이루어야
합니다.

박에 맞춰 호흡하기

연주를 할 때는 박자를 놓치지 않고 선율을 이어가는 것이 중요합니다.
연주 전에 예비박을 세면 일정한 박을 지키며 연주하는 데 도움이 됩니다.
한 마디에 4박이 들어가는 곡이라면, '1, 2, 3'을 세고, '4'에서 숨을 들이마신 뒤에 연주를 시작하세요.

연습 3.

음표들을 잘 부며
연주하세요.

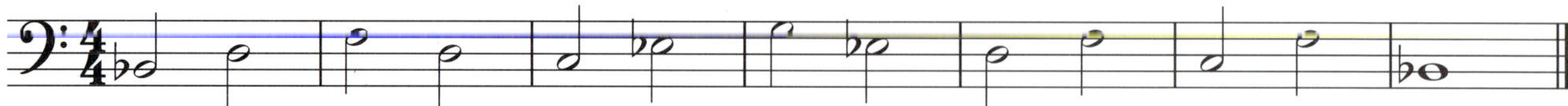

Twinkle, Twinkle Little Star (작은 별)

Oats And Beans (귀리와 콩)

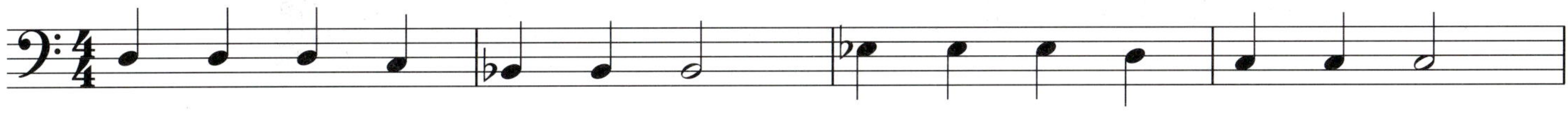

Lightly Row (나비야)

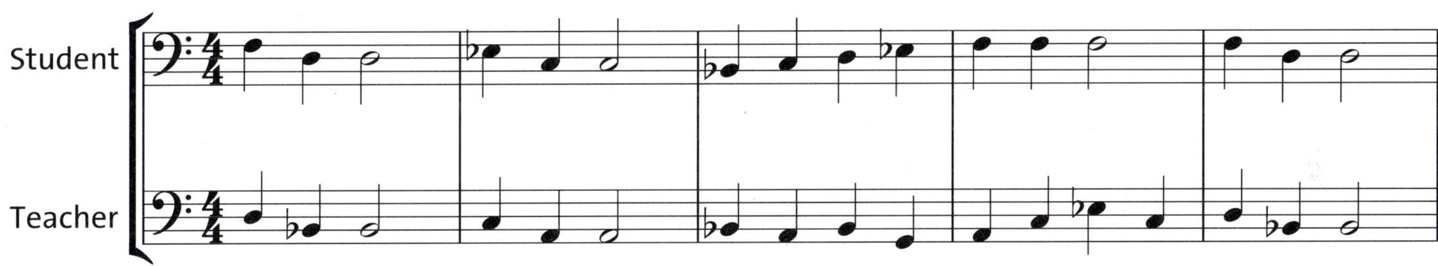

goals:

1. 낮은 A음
2. 붙임줄과 이음줄

3. 슬러 주법

낮은 A음

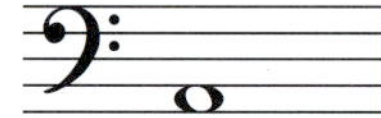

붙임줄과 이음줄

악보에는 음표들을 연결하는 곡선이 있습니다. 붙임줄은 음높이가 같은 두 음표를 연결합니다.
이음줄 또는 슬러(slur)는 음높이가 서로 다른 음표들을 연결합니다.

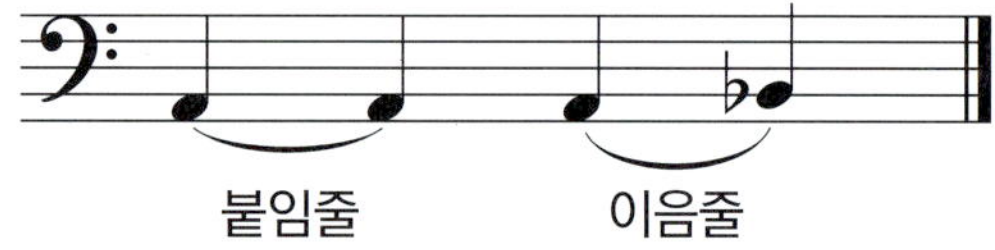

연습 1.

(Tip)
붙임줄은 주로 어떤 음이
다음 마디까지 넘어가야
하는 경우에 사용합니다.

연습 2. 슬러 주법

슬러는 음악을 부드럽게 만들어줍니다. 부드럽고 서정적인 곡을 연주할 때 모든 음에 '투' 하고 텅잉을 하면 음악이
울퉁불퉁하게 들릴 수 있습니다. 트럼본에서는 텅잉을 하지 않고 슬러로 연주해야 하는 음들이 있습니다.

슬러로 연결된 음들 중
첫 번째 음만 텅잉합니다.

연습 3.

아래 음들은 아주 부드럽게 '두' 하고 텅잉해야 합니다. 깔끔하게 연주하려면 슬라이드를 빨리 움직여야 합니다.

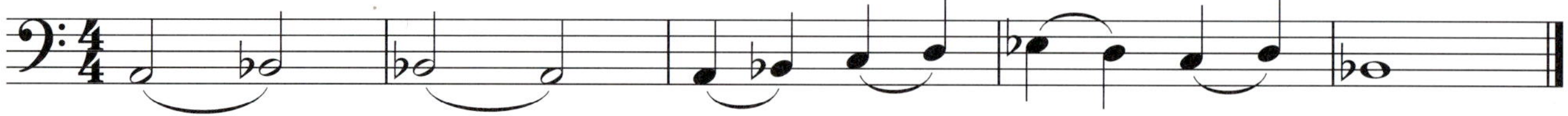

레슨 4를 위한 연주곡

Largo (from the New World Symphony) （라르고）《신세계 교향곡》에서 — Dvořák   **13-14**

Susie's Waltz (수지의 왈츠)   **15-16**

Steal Away (본향으로 가리)   * 흑인 영가   **17-18**

* 흑인 영가: 아프리카에서 노예로 끌려간 흑인들이 만들어 부르던 미국 노래

Canon For Two (두 명을 위한 캐논)

두 번째 연주자는 한 마디 뒤에 시작합니다.

goals:

1. 낮은 G음
2. 셈여림표: *f* 와 *p*
3. 커먼타임 (𝄴)

낮은 G음

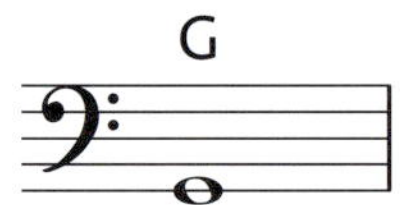

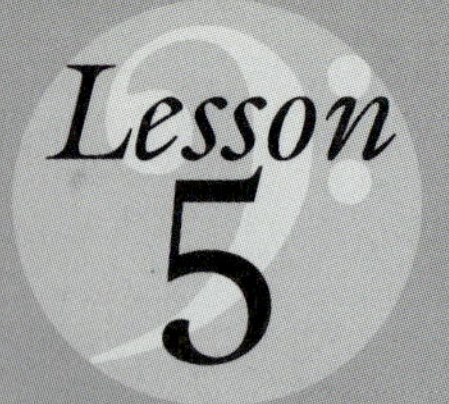

셈여림표

음표와 리듬은 음악의 중요한 요소들이지만, 곡의 분위기가 표현되지 않는다면 생기를 잃고 기계적으로 들릴 것입니다. 음악에 색채를 더하는 한 가지 방법은 다양한 크기의 소리로 연주하는 것입니다.

f : 포르테 (forte), 세게　　　*p* : 피아노 (piano), 여리게

연습 1.

셈여림표를 지켜 연주하세요. *f* 에서는 횡격막을 사용해 숨을 많이 내쉬고, *p* 에서는 숨을 천천히 내쉽니다.

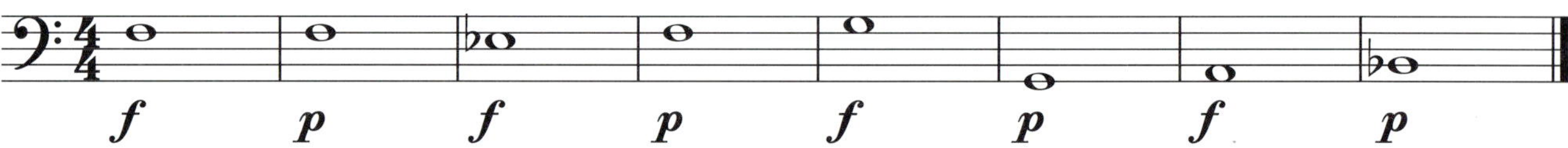

연습 2.

Tip

악보에서 칸 위에 있는 C음, E♭음, G음을 잘 구분하세요.

악보의 𝄴 기호는 **커먼타임** (common time)의 약자입니다. 커먼타임은 4/4박자와 같습니다.

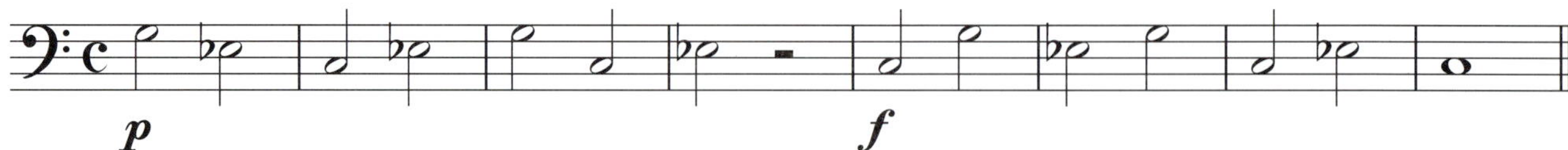

연습 3.

연주하기 까다로운 곡입니다. 처음에는 천천히 연습하고 익숙해지면 조금씩 빠르게 연습하세요.

When The Saints Go Marching in (성자의 행진)

London Bridge Is Falling Down (런던 다리)

Joshua Fought The Battle Of Jericho (여리고의 전투)

흑인 영가

warming up:

운동선수가 운동을 시작하기 전에 준비운동을 하듯이 연습을 시작하기 전에는 항상 워밍업을 하세요.

1. '프–' 하고 입술을 풀어주세요. 입술이 부드럽고 유연하게 떨릴 때까지 여러 번 반복하세요.

2. 마우스피스만 들고 '프–' 하고 불어보세요. 숨을 세게 들이마시고 성난 벌처럼 소리내보세요.
악보에 있는 물결모양의 선은 소리가 미끄러져 내려가거나 올라가는 것을 의미하며, 글리산도 (glissando)라고 합니다.

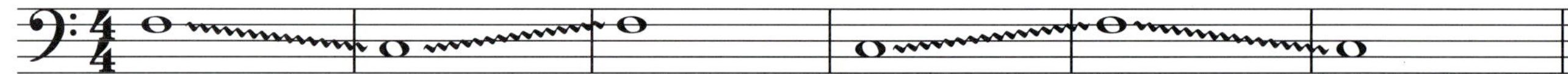

3. 마우스피스를 악기에 끼우고 다시 '프–' 하고 부세요.
트럼본의 관 안에 이렇게 따뜻한 바람을 불어 넣어주면 훨씬 좋은 음색으로 연주할 수 있습니다.

4. F음을 불어보세요.

Tip

아름다운 트럼본 소리를 상상해보세요. 그리고 F음을 연주하면서 그 소리를 흉내 내보세요.

5. 부드러운 슬러를 연습하세요. 낮은 음으로 내려갈 때는 천천히 소파에 앉는 하마를 상상해보세요. 부드럽고 따뜻한 저음을 내는 데 도움이 될 것입니다. 높은 음으로 올라갈 때는 횡격막에 힘을 주어 하마를 일으켜 세우세요.
아래 악보대로 1~4포지션까지 연습하세요.

좋은 습관

1. 발은 바닥에 붙이고 허리는 세우세요.

2. 어깨는 편안하게 내리고 횡격막을
   사용해 깊이 호흡하세요.

3. 연주를 하면서 항상 머릿속으로
   박을 세고, 박에 맞춰 호흡하세요.

4. 고개를 바로 든 채로 악기를 입에 댑니다.
   (입을 악기에 대는 것이 아닙니다.)

Lesson 1 ~ 5

1. 음표

다음 길이의 음표를 그리세요.

4박　　2박　　1박　　3박

(10)

2. 쉼표

다음 길이의 쉼표를 그리세요.

4박　　2박　　1박　　3박

(12)

3. 음표와 음이름

다음 음들을 2분음표로 그리세요.

F　Bb　D　C　Eb　G　낮은 A　낮은 G

(8)

4. 붙임줄

이 악보대로 연주하면 몇 개의 음을 듣게 될까요?

(10)

5. 마디

박자표를 잘 보고 세로줄을 그리세요.

(10)

Total (50)

Lesson 6 — goals:

1. E음
2. 온음과 반음
3. 플랫과 제자리표
4. 조표
5. 8분음표와 8분쉼표

E음 (E 내추럴)

E♮는 E♭과 F 사이에 있는 음입니다.

E♭과 F음 사이 거리는 온음이고 E♭과 E♮, E♮와 F의 거리는 모두 반음입니다.

일반적으로 악기에서 연주할 수 있는 가장 작은 간격이 반음입니다.

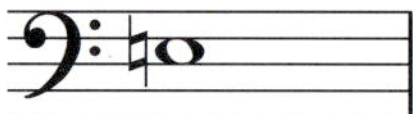

연습 1.

E♮와 E♭음이 얼마나 가까운지 들어보세요. 세번째, 다섯 번째 마디의 E음 앞에 있는 ♮는 ♭을 때고 E♮로 연주하라는 뜻입니다.

연습 2.

아래의 음들은 반음보다 훨씬 거리가 먼 음들입니다.

Tip
최대한 깔끔하게 연주하세요.

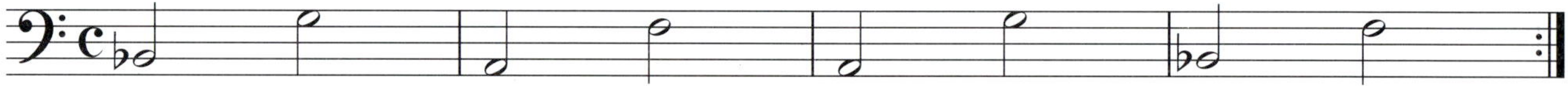

조표

아주 단순한 선율을 노래할 때에도 내기 힘든 높은 음이 있습니다. 대신 조금 낮은 음에서 시작하면 내기 힘들었던 고음도 편안하게 낼 수 있게 됩니다. 이렇게 시작하는 음을 바꿔 노래하는 것은 다른 조에서 노래를 부르는 것입니다.

음악에는 여러 가지 조가 있고, 모든 조에는 구성음들이 있습니다. C장조는 #(샵)이나 ♭(플랫)이 없기 때문에 쉽습니다. F장조에서는 B음에 ♭이 붙어 B♭음이 사용됩니다. B♭장조에는 ♭이 2개 있습니다 (B♭, E♭).

악보에서 음자리표 옆의 #이나 ♭은 조표입니다. 조표를 보면 그 노래의 조를 알 수 있습니다.
조표에 B♭이 있으면 F장조라는 뜻이고, 악보에 나오는 모든 B를 B♭음으로 연주해야 합니다.

F장조
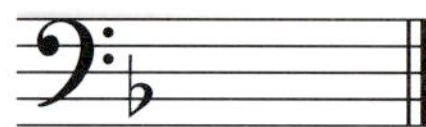

B♭장조
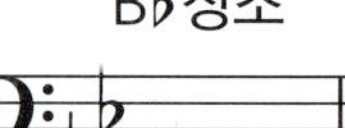

연습 3.

《성자의 행진》의 첫 2마디입니다. 먼저 C장조로 연주하고, 그 다음에 B♭장조로 연주해보세요.
B♭장조 조표에는 E♭과 B♭이 있습니다. 악보에 E, B가 나오면 E♭, B♭음으로 연주해야 합니다.

8분음표와 8분쉼표

연습 4.

한 마디마다 음의 길이가 절반씩 줄어듭니다. 일정한 박을 유지하며 연주해보세요.

Tip

8분음표는 4분음표의
절반 길이입니다.

레슨 6을 위한 연주곡

Abide With Me (함께 하소서)

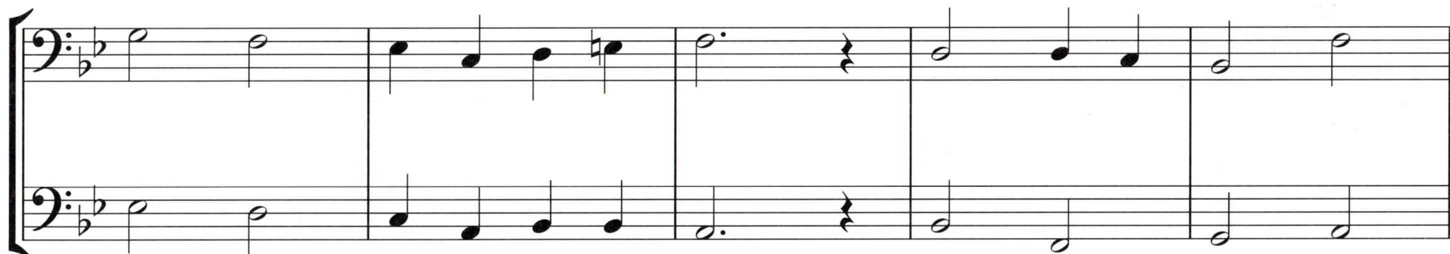

This Old Man (할아버지)

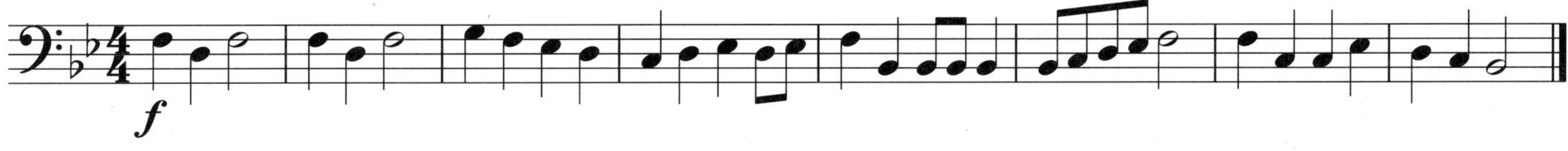

goals:

1. A♭음
2. 점4분음표
3. 빠르기말
4. 못갖춘마디

A♭음

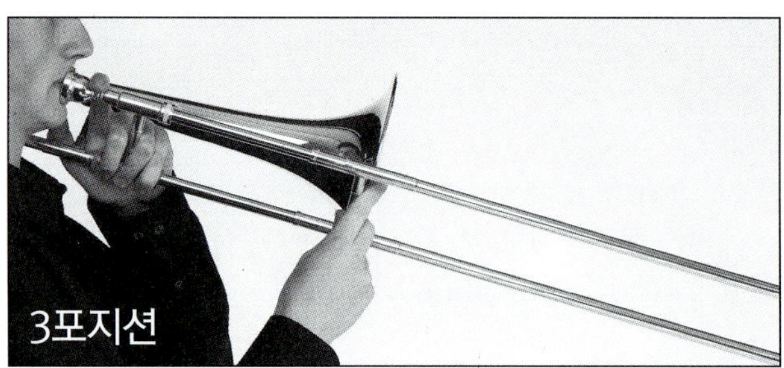

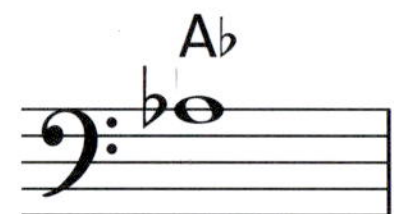

점4분음표

2분음표 옆에 점이 있으면 3박이 된다는 것을 앞에서 배웠습니다.
4분음표도 옆에 점이 있으면 음의 길이가 1.5배 늘어납니다.
그래서 점4분음표는 8분음표 2개가 아닌 3개의 길이입니다.

연습 1.

8분음표를 하나 하나 셀 수 있도록 천천히 연주하세요.
익숙해지면 일일이 세지 않고도 자연스럽게 패턴으로 연주할 수 있게 될 것입니다.

연습 2.

Tip

8분쉼표가 나올 때 숨을 쉬세요.

$\frac{3}{4}$박자로도 연습해보세요. 마디 4에서 8분쉼표를 지켜 연주하세요.

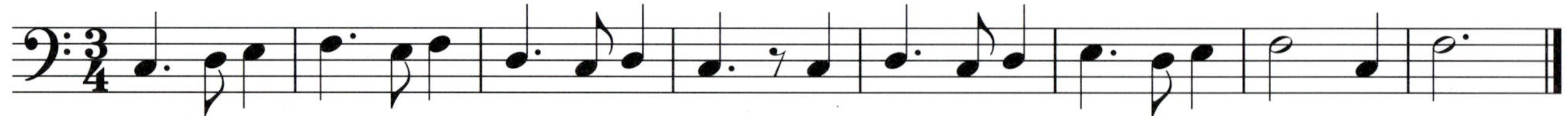

빠르기말

악보 앞에 곡의 빠르기나 분위기를 설명해주는 말이 있는 경우가 있습니다.
이제부터는 연주곡 악보에서 빠르기말을 확인한 다음 악보에서 지시하는 대로 연주해보세요.

못갖춘마디

《가라, 모세》는 1박 길이의 짧은 마디 (못갖춘마디)로 시작하는 곡입니다.
이 박은 마지막 마디의 마지막 박을 가져온 것입니다.
그래서 곡의 시작 부분에 못갖춘마디가 있으면 끝 부분에도 불완전한 마디가 있습니다.
이 두 마디를 합하면 하나의 완전한 마디가 됩니다.

레슨 7을 위한 연주곡

Go Down Moses (가라, 모세)
흑인 영가
27-28
당당하게
f
Hymn (찬송가)
일정한 박으로
p
The Unfinished Symphony (미완성 교향곡) 《제2주제》에서
Schubert
29-30
한 마디에 6박이 들어갑니다. 중간에 턱음이 나오니 주의하세요.
부드럽게
p (반복 시 f)
Betty's Biscuits (베티의 비스킷)
31-32
p
f

B♭음

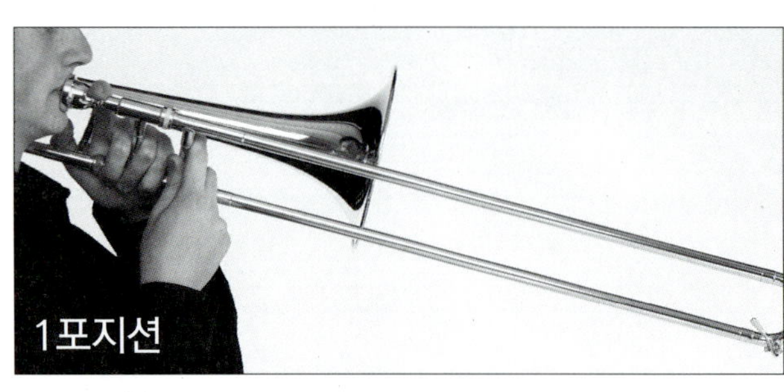

A음

연습 1.

높은 B♭과 낮은 B♭, 높은 A와 낮은 A를 비교하며 연주해보세요.

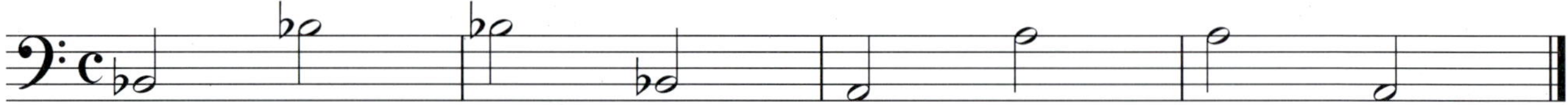

B♭장조의 음계 (B♭ Major scale)

반음과 온음을 일정한 패턴으로 배열하면 장조의 음계 (장음계)가 됩니다.
장음계에서는 3음과 4음, 7음과 8음 사이가 반음이고 나머지 음들 사이의 거리는 온음입니다.

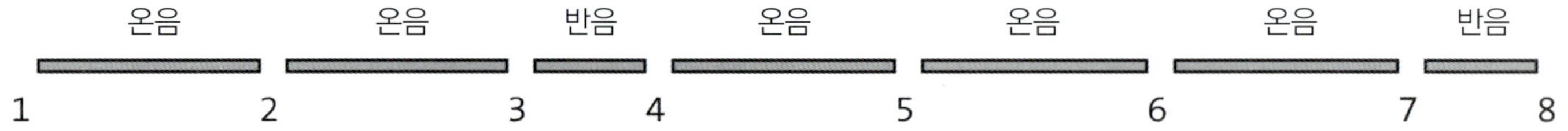

Tip

모든 음을 고르게
연주하도록 노력하세요.

연습 2.

D.C. al Fine (다 카포 알 피네)

D.C.는 Da Capo (다 카포)의 약자로, 처음으로 돌아가서 한 번 더 연주하라는 뜻입니다.
Fine는 '끝'이라는 뜻이고 al Fine는 'Fine라고 표시된 곳까지'라는 뜻입니다.
《스카이의 뱃노래》에서는 도돌이표가 있는 마지막 단을 두 번 연주한 다음 처음으로 돌아가서 Fine가 있는 곳까지
연주하세요.

Skye Boat Song (스카이의 뱃노래)

goals:

1. 낮은 A♭음
2. A♭장조의 음계
3. 레가토
4. 다양한 셈여림표: *mp* 와 *mf*

낮은 A♭음

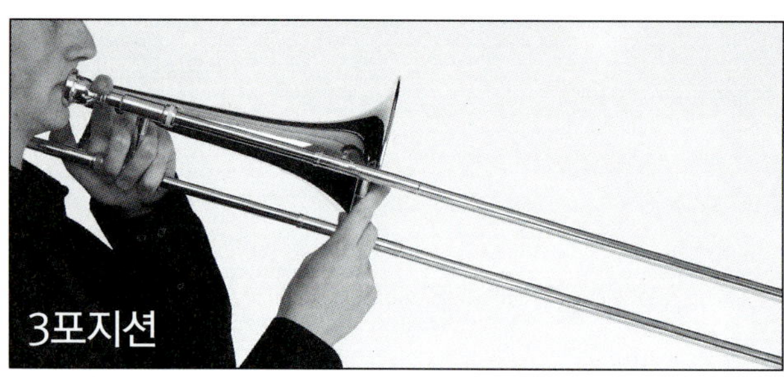

A♭장조의 음계

앞에서 B♭장조의 음계를 연주했을 때는 모든 음에 '투' 하고 텅잉을 했습니다.
이번에는 모든 음을 부드럽게 이어서 슬러로 연주해보세요.
이렇게 음을 부드럽게 이어서 연주하는 것을 레가토 (legato)라고 합니다.

'두' 라고 텅잉하고 슬라이드를 재빨리 움직여서 음들이 서로 부드럽게 연결되도록 하세요.

연습 1.

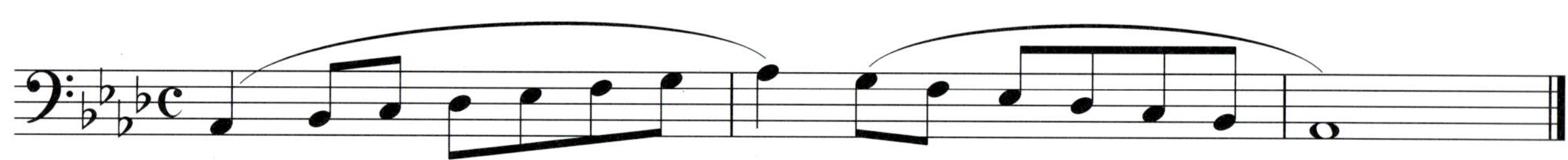

다양한 셈여림표

앞에서 배운 *p* 와 *f* 사이에는 다양한 셈여림표가 있습니다. *mp*는 조금 여리게, *mf*는 조금 세게 연주하라는 뜻입니다.
이때 *m*은 mezzo (메조)의 약자인데, 이탈리아어로 '절반'이라는 뜻입니다.

연습 2.

Tip

처음의 포르테와 마지막 포르테를 같은 크기로 연주했나요?

셈여림표를 지켜 연주해 보세요.

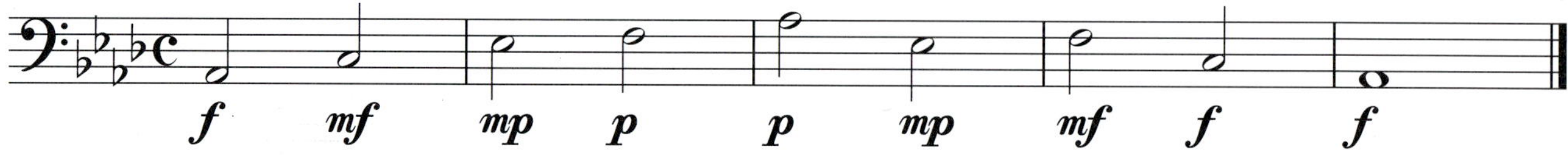

Oh Come All Ye Faithful (참 반가운 신도여)

goals:

1. 높은 C음과 B♮음
2. C장조 음계
3. 셋잇단음표와 $\frac{6}{8}$박자

높은 C음

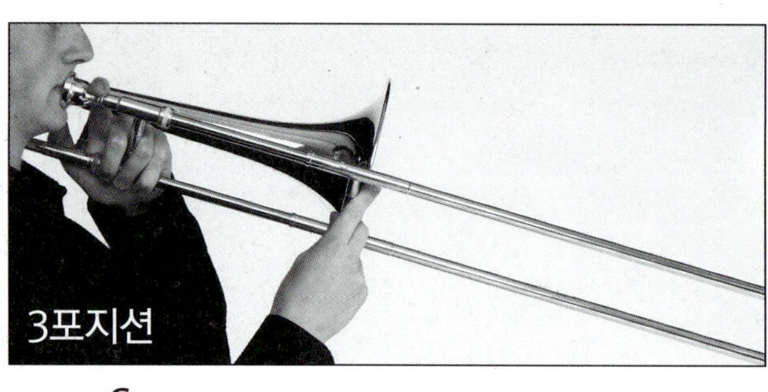

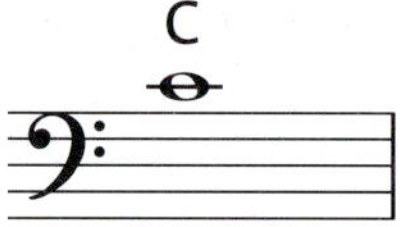

B♮음

C장조 음계

음계를 연주하는 동안 숨을 멈추지 말고 계속 바람을 부세요. 처음에는 천천히 연습한 다음 조금씩 빠른 속도로 연주해보세요. 처음부터 끝까지 한 숨에 불 수 있나요?

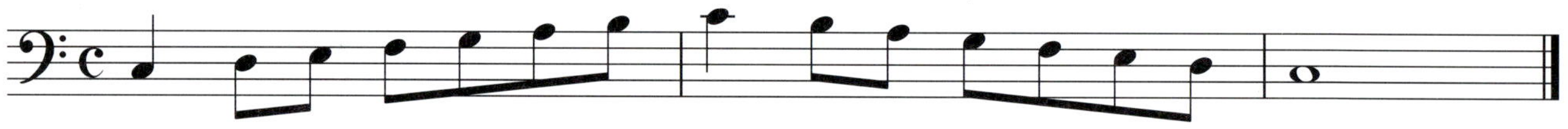

셋잇단음표

원래는 2개의 음표가 차지하는 길이를 3개의 음표가 차지하는 것을 셋잇단음표라고 합니다. 지금까지는 4분음표 1개 안에 8분음표 2개가 들어갔지만 셋잇단음표로 연주하면 4분음표 1개 안에 8분음표 3개가 들어갑니다.

연습 1.

셋잇단음표는 음표의 묶음 위나 아래에 숫자 3을 적어 표시합니다.

음악에 셋잇단음표가 아주 많이 나오면 $\frac{6}{8}$박자 악보로도 적을 수 있습니다.

$\frac{6}{8}$ 박자의 1마디 안에는 8분음표가 6개 들어가고, 점4분음표 하나가 1박이 됩니다.

연습 1과 똑같은 음악을 이번에는 $\frac{6}{8}$박자 악보로 연주해보세요.

연습 2.

Tip

모든 8분음표를 고르고 일정하게 연주하세요.

레슨 10을 위한 연주곡

Lullaby (자장가)

Brahms

45-46

부드럽게

p

Row, Row, Row Your Boat (릿자로 끝나는 말은)

47-48

f

Hark The Herald Angels Sing (천사 찬송하기를)

Mendelssohn

49-50

mp

mf

f

Pilgrim's Chorus (순례자의 합창) 《탄호이저》에서

Wagner

느리고 폭넓게

f

3

3

3

레슨 10을 위한 연주곡

Allegro (from Spring) (알레그로) 《사계 중 '봄'》에서

Vivaldi

윗단과 아랫단 모두 연습해보세요. 윗단이 선율입니다.

활기차게

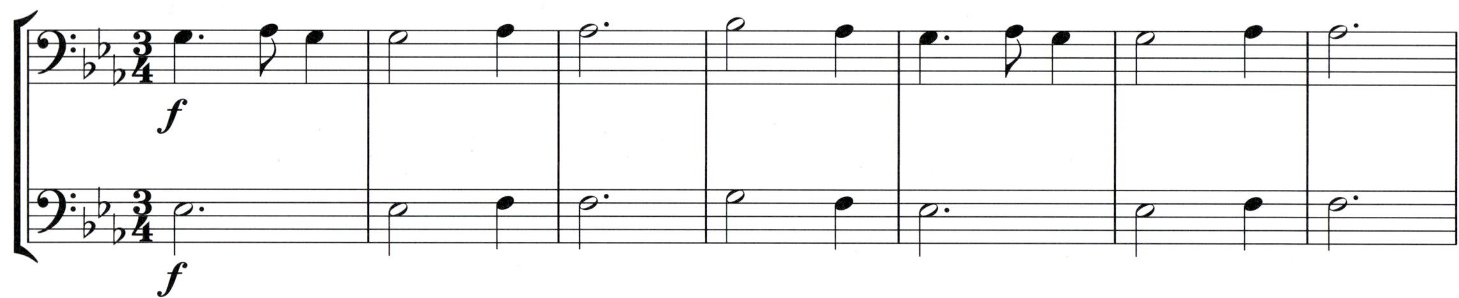

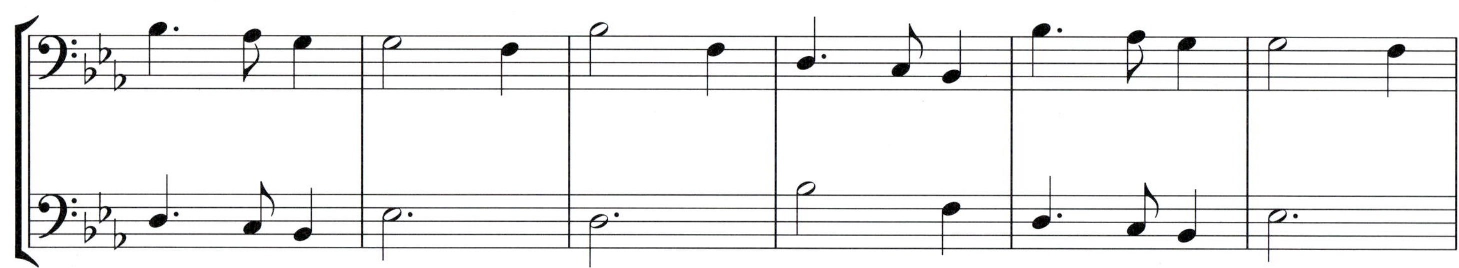

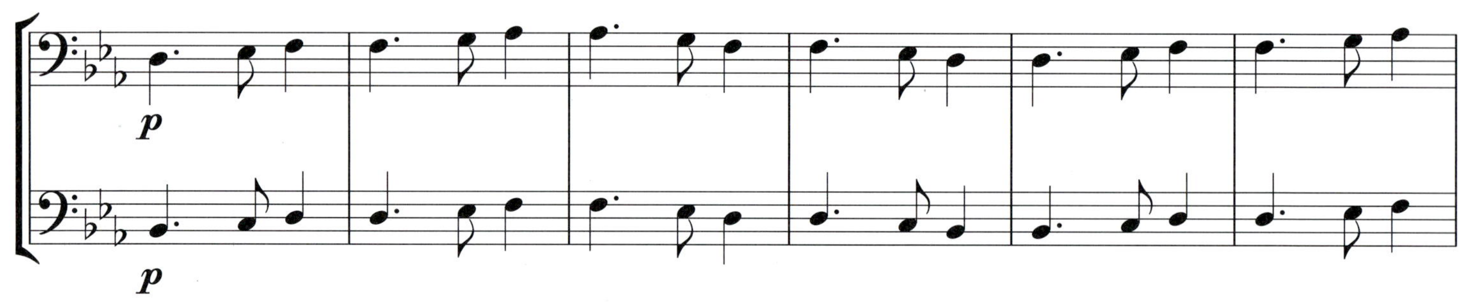

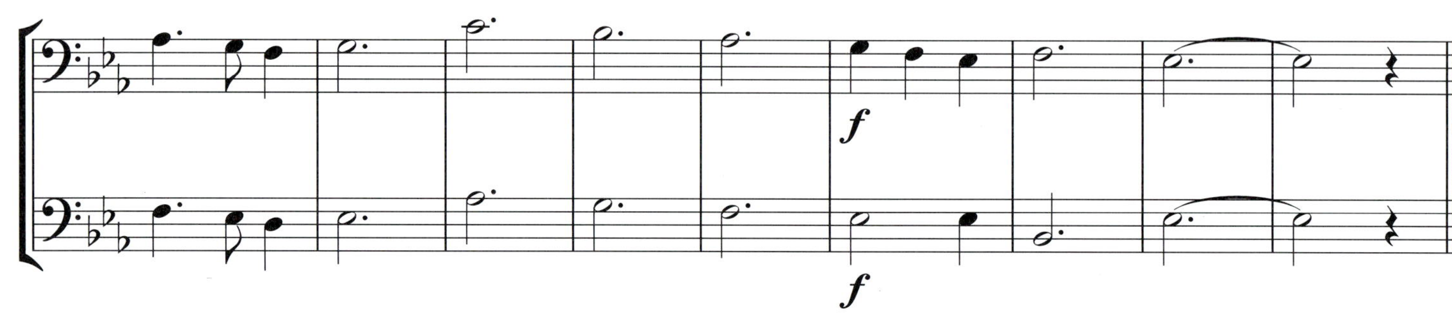

1. 음표

알맞은 음표를 그려보세요.

(10)

| 8분음표 | 2박 길이의
8분음표 묶음 | 점4분음표 | 8분음표 6개와 같은
길이의 음표 |

2. 조표와 음계

A♭장조 조표와 음계를 그려보세요.

(12)

3. 음표와 음이름

다음 음들을 2분음표로 그리세요.

E♮   높은 A   B♭   B♮   C

(8)

4. 셈여림표

다음 뜻에 해당하는 이탈리아어를 쓰세요.

(10)

조금 세게 _______________________

조금 여리게 _______________________

5. 기호

화살표가 가리키는 것의 이름을 쓰세요.

(10)

Total (50)

1. D♭음
2. 스타카토
3. 단조
4. C단조의 음계
5. 임시표

D♭음

D♭

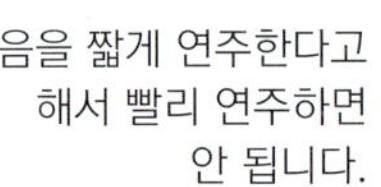

스타카토 (Staccato)

음표 머리에 점이 찍혀 있으면 그 음을 짧게 끊어 연주하라는 뜻입니다.
원래의 길이보다 짧게 끊어서 음 사이의 공간이 들리도록 연주하세요.

연습 1.

Tip

음을 짧게 연주한다고
해서 빨리 연주하면
안 됩니다.

스타카토로 연주해보세요.

단조

지금까지 연주한 곡은 대부분 장조 (major)로, 밝은 분위기의 곡이었습니다.
하지만 작곡가가 곡에서 슬픔을 표현하고 싶을 때가 있습니다. 그런 경우 일반적으로 단조 (minor)로 작곡합니다.

연습 2.

앞에서 배운 C장조 음계입니다. 밝은 분위기를 느끼며 다시 한 번 연주해보세요.

연습 3. C단조의 음계

단조와 장조의 음계를
차례로 연주하며
서로 다른 분위기를
느껴보세요.

C단조는 C장조와 같은 음으로 시작하지만 음정의 배열이 다릅니다 (2와 3음, 5와 6음 사이가 반음). 그래서 C단조에는 B♭, E♭, A♭음이 사용됩니다. 이렇게 조표대로 연주하는 것을 **자연단음계** (natural minor)라고 부릅니다.

하지만 자연단음계에서는 7번째 음과 8번째 음 사이가 온음이기 때문에 8번째 음에서 곡이 끝나는 느낌이 강하지 않습니다.
그래서 C단조의 7음인 B♭음을 반음 올려 B♮음을 만들어줍니다 (조표에는 없고 * 임시표를 사용합니다).
이렇게 7음과 8음 사이를 반음으로 만든 단음계를 **화성단음계** (harmonic minor scale)라고 합니다.

아래 악보는 C단조의 화성단음계입니다.

* 임시표 : 조표와는 달리 그 마디 안에서만 일시적으로 음을 변화시키는 ♭이나 ♯, ♮ 기호.

Oh! Susannah (오! 수재너)

생기 있게

Hava Nagila (하바 나길라)

이스라엘 민요

느리게

빠르게

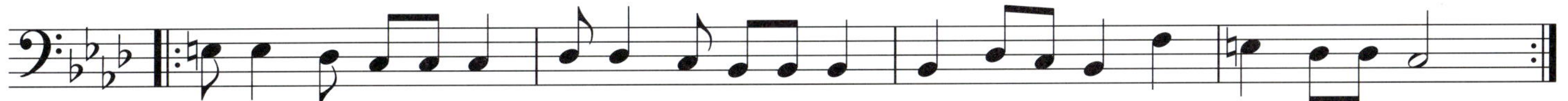

더 빠르게

느리게

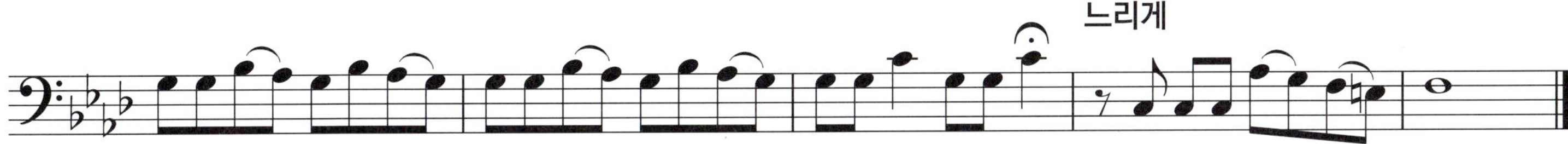

Auld Lang Syne (작별)

스코틀랜드 민요

장중하게

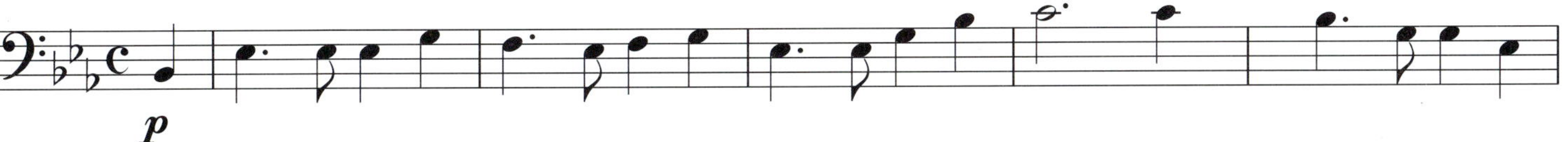

goals:

1. 높은 D음
2. 크레셴도와 디미누엔도 (<   ,   >)

높은 D음

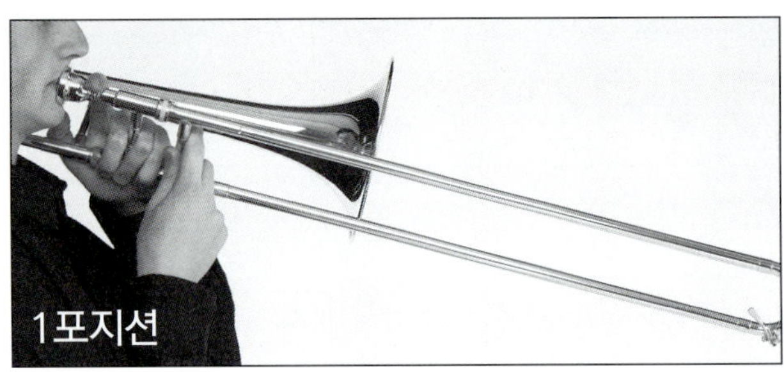

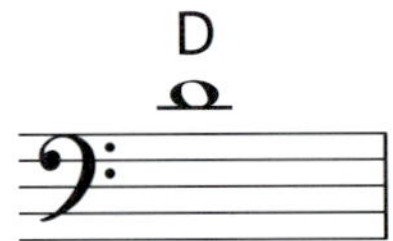

앞서 연주했던 곡들에서는 셈여림이 갑작스럽게 바뀌었습니다 (**p** 에서 갑자기 **f** 로).
하지만 피아노에서 포르테로 서서히 변하는 셈여림도 있습니다. 이런 셈여림은 또 다른 효과를 줍니다.

Crescendo (크레셴도) – 점점 세게   **Diminuendo** (디미누엔도) – 점점 여리게

연습 1.

6박 동안 길게 연주하며 크레셴도와 디미누엔도를 부드럽게 연주해보세요.

Tip

숨을 깊이 들이마셔야
호흡이 모자라지 않을
것입니다.

D단조의 음계

임시표를 잘 보며 음계가 하나의 선율처럼 들리도록 연습 2를 슬러로 연주해보세요.

연습 2.

Scarborough Fair (스카보로 페어)

영국 민요

Swing Low, Sweet Chariot (흔들리는 마차)

흑인 영가

Ode To Joy (환희의 송가) 《9번 교향곡》에서

Beethoven

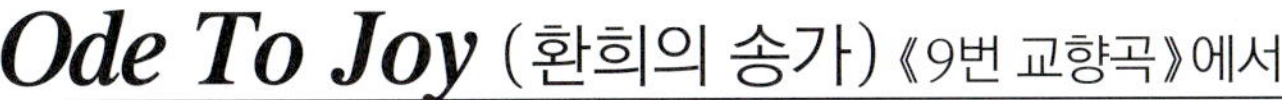

goals:

1. G♭음과 높은 D♭음
2. 이명동음 (딴이름 한소리)

G♭음과 높은 D♭음

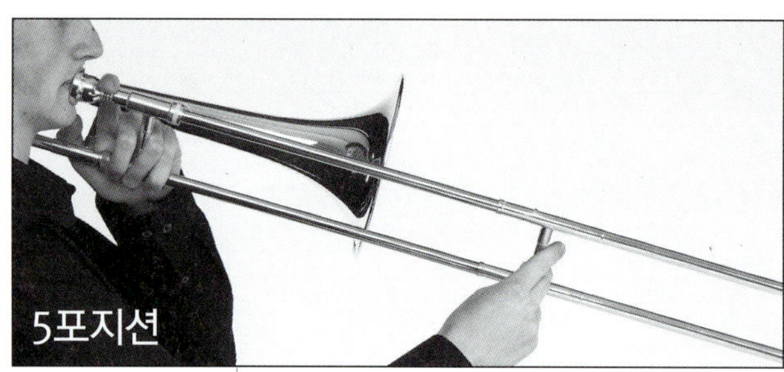

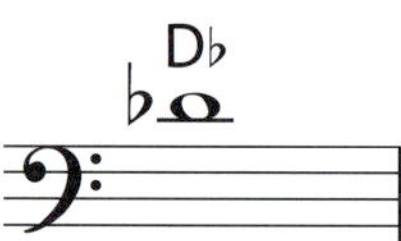

이명동음 (딴이름 한소리)

앞에서 배웠듯, A♭은 A음보다 반음 낮고 G보다 반음 높습니다. 그래서 A♭은 G♯음이라고도 부를 수 있습니다.
마찬가지로 G♭은 F♯음이라고도 할 수 있고, D♭은 C♯음이라고도 할 수 있습니다.
이렇게 이름은 다르지만 사실은 같은 두 음을 이명동음이라고 합니다.

연습 1.

앞에서 운지법을 이미 배운 음들입니다. 이명동음이 되는 음이 무엇인지 생각하며 연주해보세요.

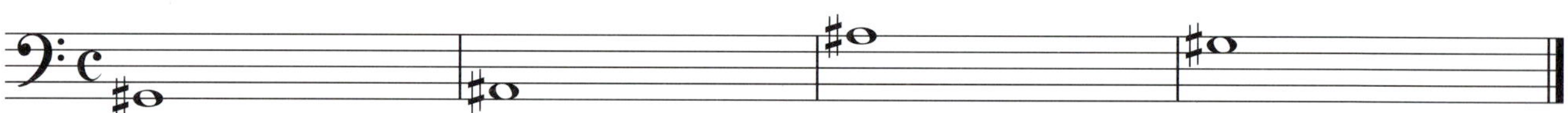

연습 2.

같은 음이 위의 선율에서는 D♭으로, 아래 선율에서는 C♯으로 나와 있습니다. 다른 이명동음들도 있으니 잘 보고
연주해보세요. 두 선율은 똑같은 선율이니 너무 겁먹지 마세요!

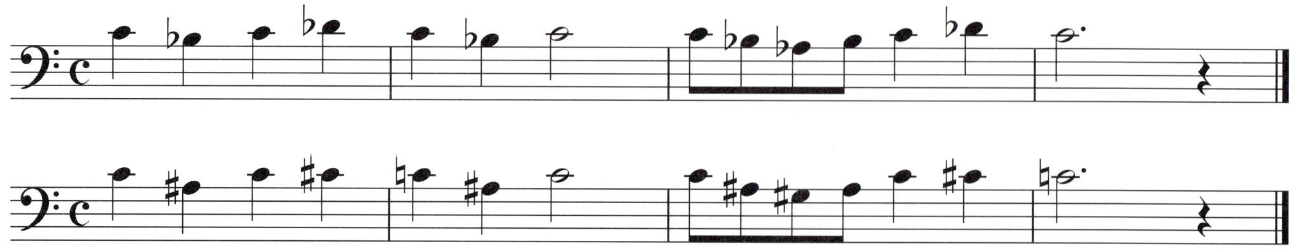

《푸른 옷소매》의 조표에는 ♭이 5개 있습니다. 연주를 시작하기 전에 ♭이 붙은 5개의 음을 먼저 불어보세요.

레슨 13을 위한 연주곡

Silent Night (고요한 밤)

goals:

1. 스윙 8분음표
2. 재즈 곡 연주하기

스윙 (Swing)

클래식 음악에서는 8분음표를 악보 그대로 4분음표의 절반 길이로 연주합니다.
그러나 재즈에서는 2개의 8분음표를 불균등하게, 첫 음을 두 번째 음보다 더 길게 연주합니다.
이렇게 연주하는 것을 스윙 리듬이라고 합니다.

연습 1.

'**투투, 투투, 투투, 투투**' 라고 말해보세요. 모두 고르게 소리 내야 합니다.
8분음표를 이렇게 고르게 연주하는 것이 클래식이나 록에서 연주하는 방식입니다.

이제 앞을 길게, 뒤를 짧게 '**두 – 비, 두 – 비, 두 – 비, 두 – 비**' 하고 말해보세요. 경쾌한 리듬감이 느껴질 것입니다.
이것이 재즈에서 사용하는 8분음표 리듬, 즉 스윙 리듬입니다.

탄력 있게 반동을 주어 연주하세요.

연습 2.

B♭장조의 음계입니다. 스윙 리듬으로 연주해보세요.
처음에는 텅잉해서 연주하고, 그 다음에는 악보에 적힌 슬러를 살려 연주해보세요.

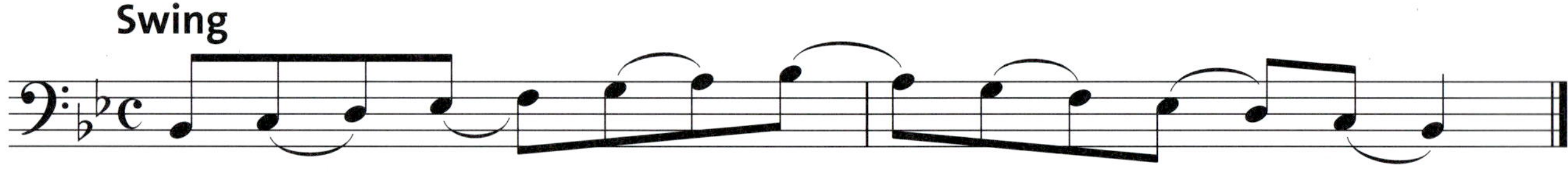

연습 3. 우리 모두 다함께

Tip
한 박을 셋으로 나누어 2/3는 앞의 8분음표로, 나머지 1/3은 두 번째 8분음표로 연주한다고 생각하면 쉽습니다.

레슨 14를 위한 연주곡

Little Brown Jug (작은 갈색 병)

Joshua Jazz (조슈아 재즈)

Blooz For Sooz (수즈를 위한 블루스)

1. 음계와 아르페지오
2. 빠르기말과 나타냄말
3. 프레이즈
4. D.S. al Fine (달 세뇨 알 피네)

악보들을 잘 살펴보면 선율에서 음계나 아르페지오의 일부를 발견할 수 있을 것입니다. 아르페지오의 선율에 자주 쓰이기 때문에 아르페지오를 익혀두면 선율을 연주할 때 도움이 됩니다.

음계 연습은 '근육기억력 (muscle memory)'을 길러주기 때문에 매우 중요합니다.
근육 기억이 생기면, 어떤 음을 연주할 때 운지법에 대해 생각하지 않아도 몸에 밴 대로 저절로 손가락이 움직이게 됩니다.
뿐만 아니라 호흡 조절과 음정이 좋아지고 높은 음을 연주하는 데도 도움이 됩니다.

아르페지오 (Arpeggio) 또는 분산화음은 음계의 1, 3, 5, 8번째 음을 차례로 연주하는 것입니다.
아르페지오도 음계와 함께 항상 꾸준히 연습해야 합니다.

텅잉과 슬러로 연습하세요.

빠르기말과 나타냄말

셈여림을 표현하는 말 외에도 곡의 템포나 분위기를 나타내는 말도 이탈리아어가 자주 사용됩니다.
다음의 이탈리아어를 잘 기억해두면 연주할 때 도움이 될 것입니다.

Allegro (알레그로) – 빠르게
Andante (안단테) – 걷는 속도로
Accelerando (accel.) (아첼레란도) – 점점 빠르게
Dolce (돌체) – 달콤하게

Moderato (모데라토) – 보통빠르기로
Adagio (아다지오) – 느리게
Rallentando (rall.) (랄렌탄도) –점점 느리게
Cantabile (칸타빌레) – 노래하듯이

《대니 보이》 악보에 있는 아주 긴 슬러는 프레이즈 (phrase)를 표시한 것입니다.
프레이즈는 음악에서 단어나 문장 같은 것입니다. 가능하면 한 프레이즈를 한 숨에 연주하도록 해보세요.

레슨 15를 위한 연주곡

Danny Boy (대니 보이)

아일랜드 민요

최대한 부드럽게, 칸타빌레 스타일로 연주하세요.

Mango Walk (망고 워크)

자메이카 민요

D.S. al Fine (달 세뇨 알 피네)는 레슨 8에서 배운 D.C. al Fine와 비슷합니다. 하지만 처음부터 연주하지 않고
달세뇨 기호 %가 있는 곳에서부터 반복합니다. 반복할 때는 Fine까지 연주하세요.

레슨 15를 위한 연주곡

Befiehl Du Deine Wege (당신의 길과 당신 마음의 아픔을)

Bach

Adagio cantabile

test:

1. 조표

알맞은 조표를 그려보세요.

B♭장조　　　　C장조　　　　A♭장조　　　　D단조　　　　C단조

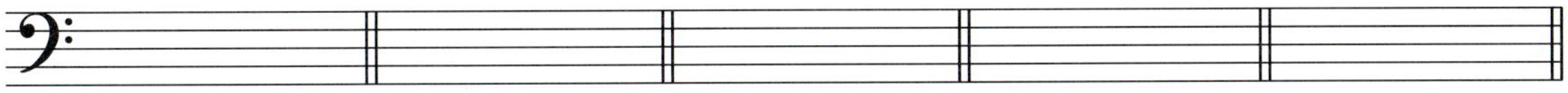

(10)

2. 점음표

점음표를 사용하여 위의 악보를 단순하게 바꿔보세요.

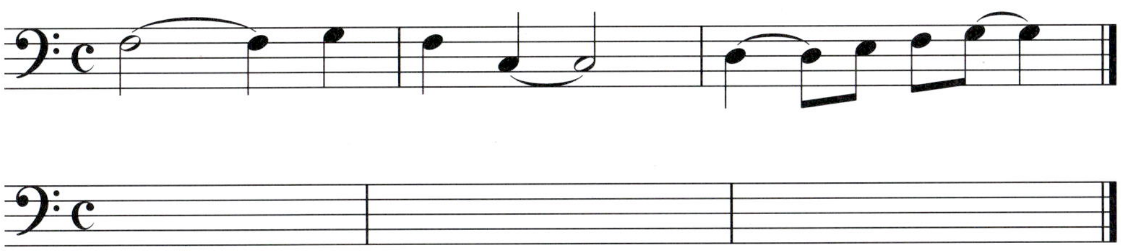

(12)

3. 음표와 음이름

다음 음들을 4분음표로 그리고 음표 위에 밸브 번호를 적어보세요.

높은 **D**　　　　**D♭**　　　　낮은 **G**　　　　낮은 **A♭**

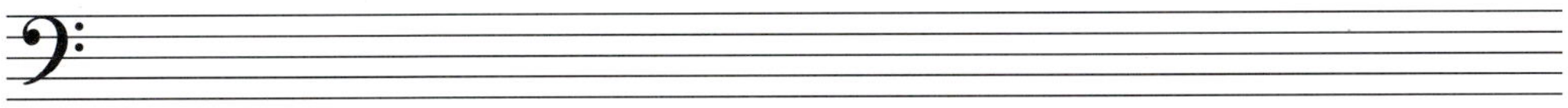

(8)

4. 음악용어

다음은 무슨 뜻인가요?

Allegro ________________________　　　　Andante ________________________

Dolce ________________________　　　　Cantabile ________________________

(10)

5. 기호

화살표가 가리키는 것의 이름을 쓰세요.

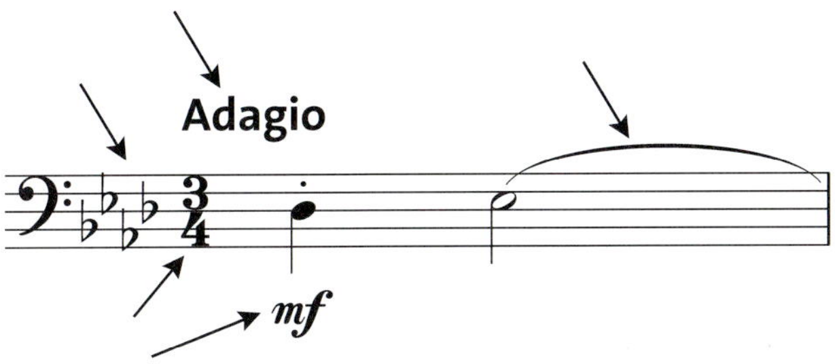

(10)

Total (50)

CD track

1 튜닝음 (낮은 B♭)
2 트럼본 연주의 예
3 Fanfare *(연주)*
4 Fanfare *(반주)*
5 Barcarolle *(선생님)*
6 Medieval Dance *(선생님)*
7 Jingle Bells *(연주)*
8 Jingle Bells *(반주)*
9 Merrily We Roll Along *(연주)*
10 Merrily We Roll Along *(반주)*
11 Twinkle Twinkle Little Star *(연주)*
12 Twinkle Twinkle Little Star *(반주)*
13 Largo (from The New World Symphony) *(연주)*
14 Largo (from The New World Symphony) *(반주)*
15 Susie's Waltz *(연주)*
16 Susie's Waltz *(반주)*
17 Steal Away *(연주)*
18 Steal Away *(반주)*
19 When The Saints Go Marching In *(연주)*
20 When The Saints Go Marching In *(반주)*
21 London Bridge Is Falling Down *(연주)*
22 London Bridge Is Falling Down *(반주)*
23 Joshua Fought The Battle Of Jericho *(연주)*
24 Joshua Fought The Battle Of Jericho *(반주)*
25 This Old Man *(연주)*
26 This Old Man *(반주)*
27 Go Down Moses *(연주)*
28 Go Down Moses *(반주)*
29 The Unfinished Symphony *(연주)*
30 The Unfinished Symphony *(반주)*
31 Betty's Biscuits *(연주)*

32 Betty's Biscuits *(반주)*
33 Skye Boat Song *(연주)*
34 Skye Boat Song *(반주)*
35 Can Can *(연주)*
36 Can Can *(반주)*
37 Grandfather's Clock *(연주)*
38 Grandfather's Clock *(반주)*
39 Oh Come All Ye Faithful *(연주)*
40 Oh Come All Ye Faithful *(반주)*
41 Good King Wenceslas *(연주)*
42 Good King Wenceslas *(반주)*
43 The First Noel *(연주)*
44 The First Noel *(반주)*
45 Lullaby *(연주)*
46 Lullaby *(반주)*
47 Row, Row, Row Your Boat *(연주)*
48 Row, Row, Row Your Boat *(반주)*
49 Hark The Herald Angels Sing *(연주)*
50 Hark The Herald Angels Sing *(반주)*
51 Oh! Susannah *(연주)*
52 Oh! Susannah *(반주)*
53 Hava Nagila *(연주)*
54 Hava Nagila *(반주)*
55 Auld Lang Syne *(연주)*
56 Auld Lang Syne *(반주)*
57 Scarborough Fair 듀엣
58 Swing Low, Sweet Chariot *(연주)*
59 Swing Low, Sweet Chariot *(반주)*
60 Ode To Joy *(연주)*
61 Ode To Joy *(반주)*
62 Silent Night *(연주)*
63 Silent Night *(반주)*
64 Greensleeves *(연주)*
65 Greensleeves *(반주)*
66 Little Brown Jug *(연주)*

67 Little Brown Jug *(반주)*
68 Joshua Jazz *(연주)*
69 Joshua Jazz *(반주)*
70 Blooz for Sooz *(연주)*
71 Blooz for Sooz *(반주)*
72 Danny Boy *(연주)*
73 Danny Boy *(반주)*
74 Mango Walk *(연주)*
75 Mango Walk *(반주)*

부록 CD

트랙 1은 튜닝 트랙 (낮은 B♭)이고,
트랙 2는 트럼본 연주의 예를 들려줍니다.
트랙 3부터는 책에 배치된 순서대로 곡이
수록되어 있습니다.

그림 위에 적힌 숫자가 트랙 번호입니다.

발행인 이병직
발행처 도서출판 뮤직트리

초판 1쇄 발행 2011년 6월 30일

출판신고 2003년 7월 11일 제 406 - 2003 - 00006호   121 - 840 서울시 마포구 서교동 395 - 179 미르B/D 3F TEL. 02)325 - 2592 FAX. 02) 334 - 4704

번   역 윤인영
감   수 이철웅
편   집 강효정 · 박수연 · 윤인영 · 김지니
디자인 책임 이현정
디자인 진행 페이지 엠 (www.page - m.com)

ISBN 978 - 89 - 6296 - 172 - 0
     978 - 89 - 6296 - 148 - 5 (set)

정가 10,000원

※ 본 도서는 국제 저작권법에 따라 어느 부분도 복사, 연주 녹음 또는 기타 상업적인 목적으로 이용할 수 없습니다.

www.adventure.co.kr

* 배음(Harmonic):   1   2   3   4   5   6   7 *   8   9   10   11

페달음(최저음)

1포지션
2포지션
3포지션
4포지션
5포지션
6포지션
7포지션

* 7번째 * 배음은 평균율에 비교했을 때 음정이 조금 떨어지기 때문에 1포지션의 7배음인 A♭음은 연주하지 않는 것이 좋습니다.
(* 트럼본으로는 각 포지션마다 최저음과 그 배음들을 연주할 수 있습니다.)

E   F   F#/G♭   G   G#/A♭   A   A#/B♭   B   C   C#/D♭   D   D#/E♭
포지션: 7th   6th   5th   4th   3rd   2nd   1st   연주 불가능   L-------- F 어태치먼트가 있는 트럼본에서만 연주할 수 있음 --------
배음: 1   1   1   1   1   1   1

E   F   F#/G♭   G   G#/A♭   A   A#/B♭   B   C   C#/D♭   D   D#/E♭
포지션: 7th   6th   5th   4th   3rd   2nd   1st   7th   6th   5th   4th   3rd
배음: 2   2   2   2   2   2   2   3   3   3   3   3

E   F   F#/G♭   G   G#/A♭   A   A#/B♭   B   C   C#/D♭   D   D#/E♭
포지션: 2nd (7th)   1st (6th)   5th   4th   3rd (7th)   2nd (6th)   1st (5th)   4th (7th)   3rd (6th)   2nd (5th)   1st (7th)(4th)   3rd (6th)
배음: 3   (4)   3   (4)   4   4   4   (5)   4   (5)   4   (5)   5   (6)   5   (6)   5   (6)   5   (7) (6)   6   (7)

E   F   F#/G♭   G   G#/A♭   A   A#/B♭

* 배음: 어떤 음의 2배, 3배 등 정수 배의 진동수를 가진 음을 말합니다.

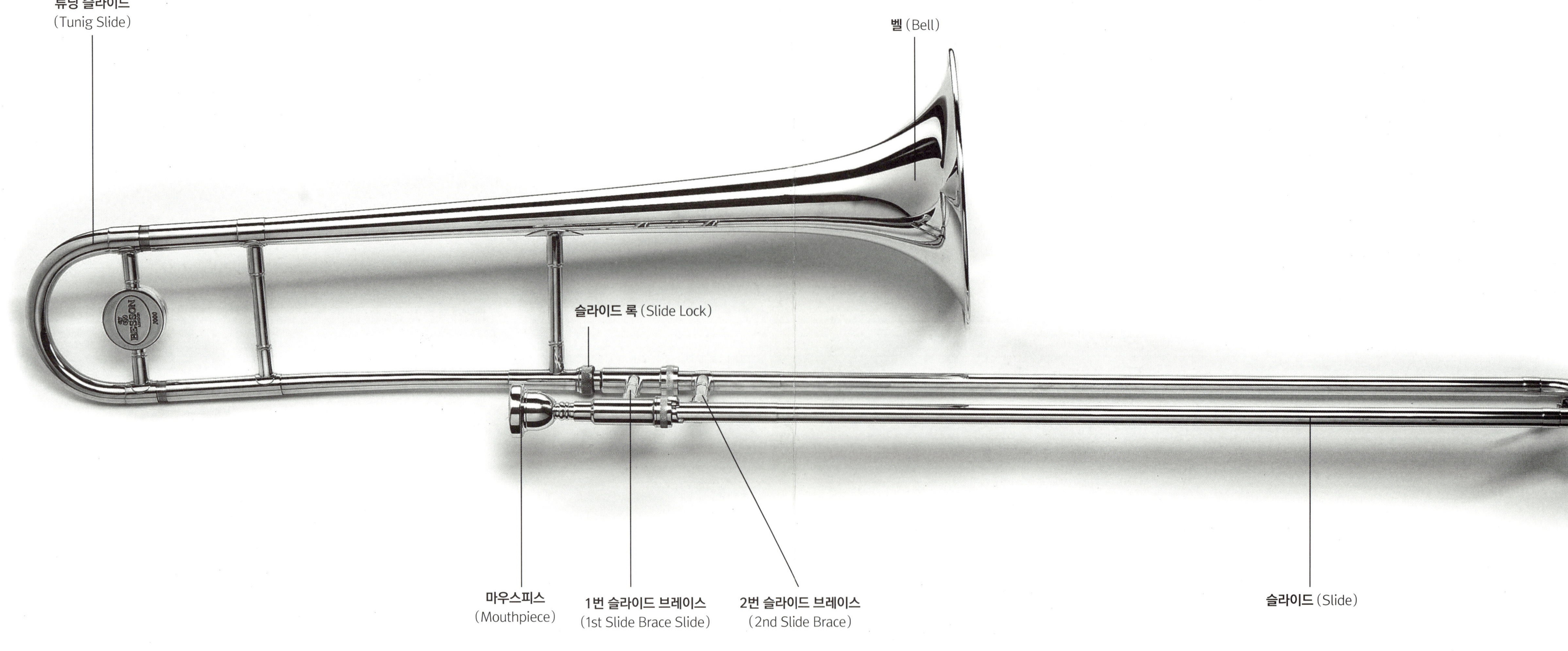
튜닝 슬라이드
(Tunig Slide)
벨 (Bell)
슬라이드 록 (Slide Lock)
마우스피스
(Mouthpiece)
1번 슬라이드 브레이스
(1st Slide Brace Slide)
2번 슬라이드 브레이스
(2nd Slide Brace)
슬라이드 (Slide)
BESSON